国家高端智库综合开发研究院（中国·深圳）出品

DALIAN NORTHEAST ASIA
COMMODITY TRADING AND FUTURES MARKET
DEVELOPMENT REPORT

大连东北亚
大宗商品交易与期货市场
发展报告

余凌曲　余　洋◎著

中国经济出版社
CHINA ECONOMIC PUBLISHING HOUSE
北　京

图书在版编目（CIP）数据

大连东北亚大宗商品交易与期货市场发展报告／余凌曲，余洋著．--北京：中国经济出版社，2023.6

ISBN 978-7-5136-7376-1

Ⅰ．①大…　Ⅱ．①余…　②余…　Ⅲ．①国际市场-现货交易-研究报告-大连　②国际市场-期货市场-研究报告-大连　Ⅳ．①F752.831.3　②F832.53

中国国家版本馆 CIP 数据核字（2023）第 119261 号

责任编辑　赵静宜
责任印制　马小宾
封面设计　久品轩

出版发行　中国经济出版社
印 刷 者　河北宝昌佳彩印刷有限公司
经 销 者　各地新华书店
开　　本　710mm×1000mm　1/16
印　　张　10
字　　数　138 千字
版　　次　2023 年 6 月第 1 版
印　　次　2023 年 6 月第 1 次
定　　价　88.00 元
广告经营许可证　京西工商广字第 8179 号

中国经济出版社　**网址** www.economyph.com　**社址** 北京市东城区安定门外大街 58 号　**邮编** 100011
本版图书如存在印装质量问题，请与本社销售中心联系调换（联系电话：010-57512564）

引 言

建设区域性金融中心是党中央、国务院赋予大连的战略定位，依托大连商品交易所建设国际大宗商品定价中心和风险管理中心是大连区域性金融中心建设的重要内容。

本报告由国家高端智库中国（深圳）综合开发研究院组织编写，旨在系统分析大连建设国际大宗商品定价中心和风险管理中心的基本情况，充分把握国内外大宗商品交易与期货市场发展的动态、趋势和重大机遇，并提出相应的预期展望和对策建议，为大连乃至全国大宗商品交易与期货市场发展提供有益参考和借鉴。

本报告分为三个部分。一是“指数篇”，包括“中国商品期货市场高质量发展指数”和“大连期货市场创新指数”，以指数形式反映期货市场及期货业发展成效以及短板问题；二是“趋势篇”，包括全球及国内商品期货市场发展的主要特征及趋势判断，以及通过中、外期货市场发展比较进一步明晰我国商品期货市场发展方向；三是“大连篇”，包括大连区域性金融中心发展评价，芝加哥建设衍生品交易专业金融中心对大连的启示，以及对未来大连建设国际大宗商品交易定价中心的策略与路径的研究。

本报告致力于为大宗商品交易与期货市场相关政府部门、监管部门等提供决策支撑，为相关从业机构和从业人员等提供实践参考，也为各类研究机构、新闻媒体、社会大众等深入理解该领域提供资料素材，以期为推动我国大宗商品交易与期货市场高质量发展做出积极贡献！

目 录

I 指数篇

Ⅱ趋势篇

I 指数篇

第一章 2022年中国商品期货市场发展情况

一、我国商品期货市场总体运行情况

从1990年郑州粮食批发市场成立算起，到2022年我国商品期货市场已经走过了32个年头。经过30多年的发展，我国商品期货市场逐渐走向成熟，优化资源配置、服务实体经济的能力不断增强，成为我国多层次资本市场体系建设的重要一环。

（一）交易规模

2022年，中国商品期货市场①继续保持平稳运行态势，成交量较上年有所回落，但整体仍延续着自2020年以来的较大规模体量。2022年，中国商品期货市场（含期权）全年累计成交66.16亿手，较2021年下降7.76亿手，同比下降10.50%；累计成交金额401.88万亿元，较2021年下降61.15万亿元，同比下降13.21%，见图1.1。

专栏1.1 商品期货市场服务实体经济的功能和作用

商品期货市场的主要功能包括价格发现、资产配置和规避风险。一是价格发现功能。信息不完全和不对称会导致价格扭曲和市场失灵，而期货市场是一个高度组织化和规范化的近乎完全竞争的市场。

① 因广州期货交易所在2022年12月末才发布期货期权合约，本章中的数据未包含广州期货交易所。

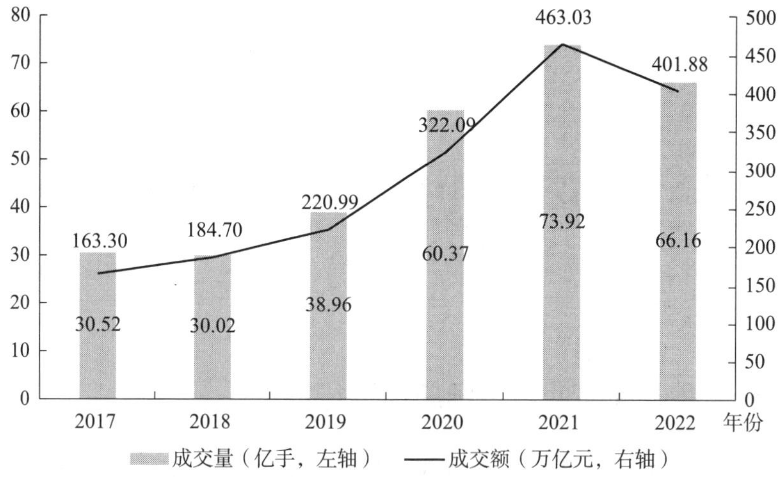

图 1.1　2017—2022 年中国商品期货市场成交量与成交额

资料来源：中国期货业协会。

众多买方和卖方通过期货市场采取集中公开竞价方式交易，使得各类信息高度聚集并迅速传播。因此，期货市场反映出来的价格机制更为成熟和完善，能够在更大程度上形成真实反映供求关系的期货价格，并作为未来某一时期现货价格变动趋势的"晴雨表"。二是资产配置功能。伴随全球不稳定因素增多，国际大宗商品市场波动增大，金融市场参与主体面临的风险增多。尤其是在经济不景气时期，国家为刺激经济发展推出宽松的货币政策，造成市场流动性过剩，通胀压力增加，而期货合约价格则会随着投资者通胀预期而上升，因此持有商品期货合约可在一定程度上抵消通货膨胀的影响。三是规避风险功能。人们可通过在期货市场买进或卖出与现货数量相等但交易方向相反的期货合约，以期在未来某一时间通过卖出或买进该期货合约进行对冲平仓，补偿因远期现货市场价格变动而带来的实际价格风险。通过在现货市场和期货市场之间建立盈亏对冲机制，实现规避由于经济活动的周期性、生产活动的季节性及不可抗力等不确定因素可能导致的价格波动风险。

商品期货市场的作用，既体现在宏观经济运行中，也体现在微观经济发展中。在宏观层面，商品期货品种涉及能源、农产品、金属等在国民经济中处于举足轻重地位的行业，期货市场为这些行业提供了分散、转移价格风险的工具。这有利于减缓价格波动对行业发展的不利影响，可更好地稳定国民经济；为促进和引导国民经济健康协调可持续发展，政府可依据期货市场价格信号确定和调整宏观经济政策，引导工商企业调整生产经营规模和方向，使其符合国家宏观经济发展的需要。随着现代科学技术的发展和社会生产力的提高，许多国家都在努力寻找突破现货市场的地域分割和相关贸易政策限制的方法，以促进本国经济的国际化发展，标准化期货合约交易为期货交易成为全球无差别性的交易方式提供了条件；同时，期货交易具有公开、公平、公正的特点，市场透明度高，形成的价格是国际贸易中的基准价格，利用期货市场能够把国内、国际两个市场联系起来，以更好地促进本国经济国际化发展。

在微观层面，生产经营者利用期货市场进行套期保值，可帮助其规避现货市场的价格风险，以锁定生产成本、实现预期利润，保证生产活动平稳进行；期货市场具有价格发现的功能，对现货商品的未来价格走势有一定的预期，期货市场的价格信号有助于生产经营者调整相关产品的生产计划，避免生产的盲目性；在现货市场发展不完善的情况下，生产经营者利用期货市场进行实物交割，可弥补现货市场流通功能的不足，拓宽现货销售与采购渠道。

（二）国际地位

自2009年中国商品期货市场成交量超过美国以来，中国已连续14年保持全球最大的场内商品期货市场地位。根据美国期货业协会（Futures Industry Association，FIA）发布的2022年度全球84家交易所的场内衍生品交易数据，2022年全球期货期权成交量为838.48亿手，同比增长33.98%；其中，商品类衍生品总成交量为91.53亿手（商品期货成交83.95亿手，商品期权成交7.58亿手），同比下降13.60%，占场内衍生品总成交量的10.92%。中国商品期货期权成交量为66.16亿手，约占全球商品衍生品总成交量的72.28%；全球商品衍生品成交量前五位依次为中国、美国、英国、印度和俄罗斯，五大市场的总市场份额为97.19%，见图1.2。

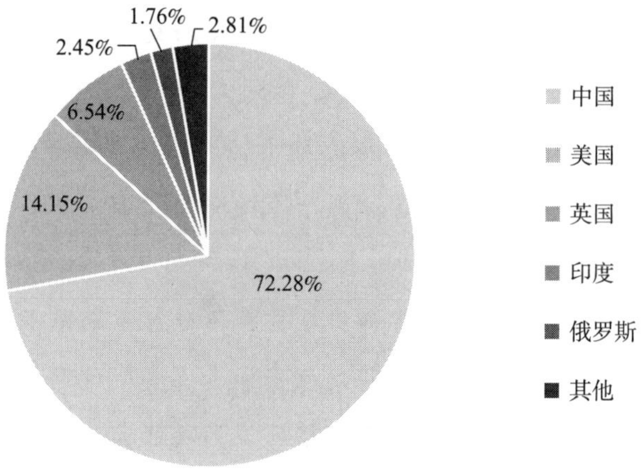

图1.2　2022年度全球场内商品衍生品成交量分布情况

资料来源：美国期货业协会。

二、期货交易所发展情况

我国商品期货市场由期货交易所、期货结算机构、期货中介与服务机构、期货投资者、期货监督管理机构与行业自律机构等共同组成。其中，期货交易所是专门进行期货合约买卖的场所，承担着组织、监督期货交易的重要职能，是期货市场的核心。

2021 年 4 月 19 日，中国内地第五家商品期货交易所——广州期货交易所正式揭牌成立；2022 年 12 月 22 日，广州期货交易所首个品种——工业硅期货成功上市。我国的大连商品交易所、郑州商品交易所、上海期货交易所在全球商品衍生品交易所交易量排名中均跻身前列，上海国际能源交易中心在世界能源期货市场中占据重要地位。

2022 年上海期货交易所成交量和成交额分别为 18.23 亿手和 141.26 万亿元，同比分别下降 23.09%和 26.85%；上海国际能源交易中心成交量和成交额分别为 1.20 亿手和 40.04 万亿元，同比分别增长 59.73%和 86.51%；郑州商品交易所成交量和成交额分别为 23.98 亿手和 96.85 万亿元，同比分别下降 7.14%和 10.33%；大连商品交易所成交量和成立额分别为 22.75 亿手和 123.73 万亿元，同比分别下降 3.77%和 11.91%。按成交量排名，郑州商品交易所、大连商品交易所、上海期货交易所[①]依次分列全球前 3 名，成交量遥遥领先于其他期货交易所，见图 1.3、图 1.4 和图 1.5。

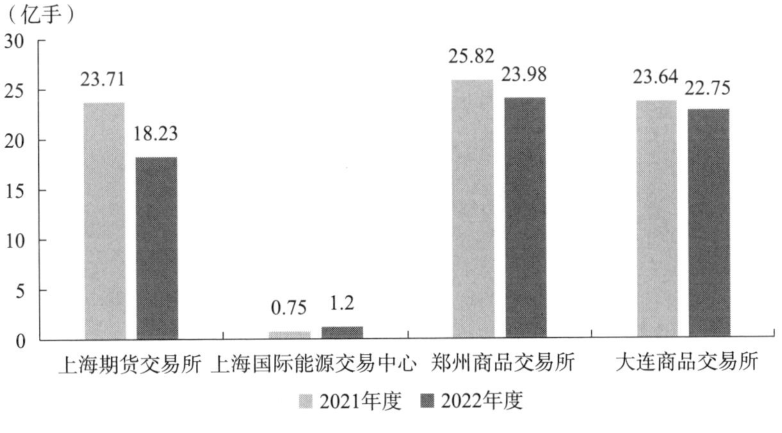

图 1.3　2021 年度和 2022 年度中国各商品期货交易所成交量

资料来源：中国期货业协会。

① 美国期货业协会统计中把上海期货交易所和上海国际能源交易中心合并统计排名。

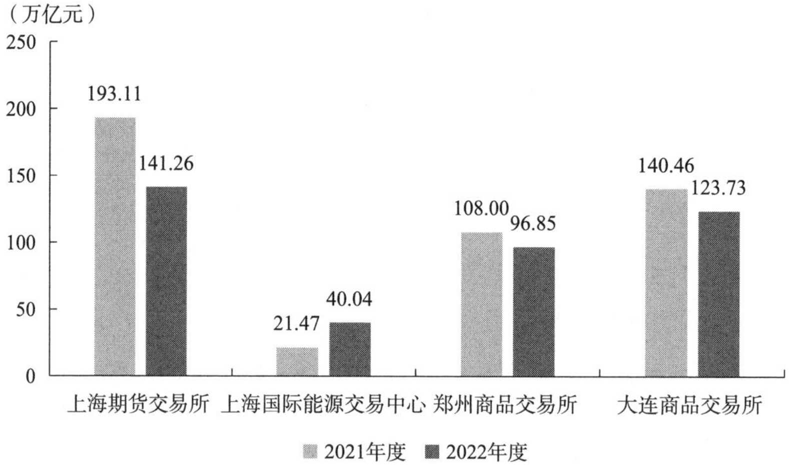

图 1.4　2021 年度和 2022 年度中国各商品期货交易所成交额

资料来源：中国期货业协会。

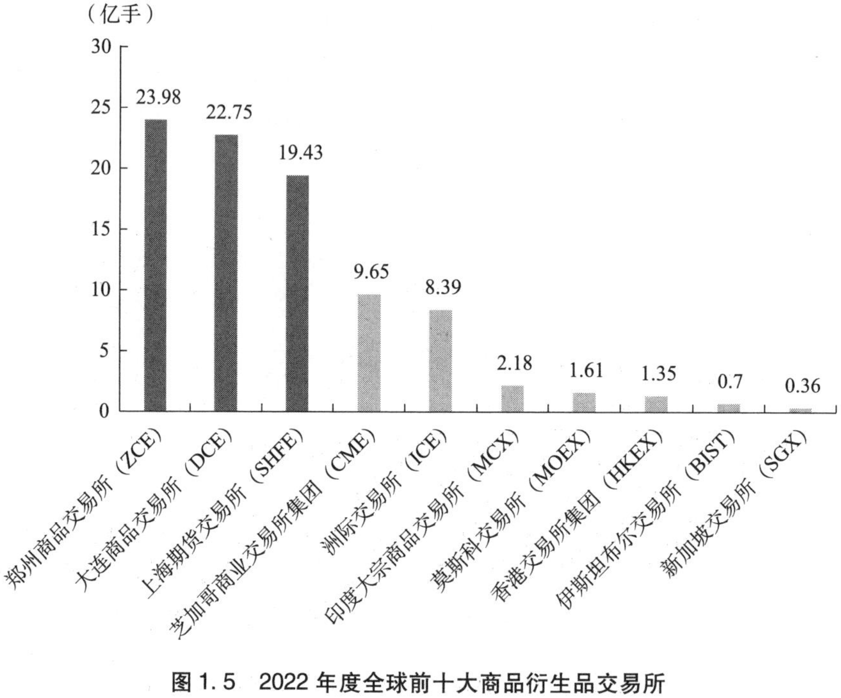

图 1.5　2022 年度全球前十大商品衍生品交易所

资料来源：美国期货业协会。

专栏 1.2　广州期货交易所成为我国第五家期货交易所

2019 年 2 月，中共中央、国务院印发的《粤港澳大湾区发展规划纲要》明确指出，支持广州建设绿色金融改革创新试验区，研究设立以碳排放为首个品种的创新型期货交易所。2020 年 5 月 14 日，《关于金融支持粤港澳大湾区建设的意见》提出，研究设立广州期货交易所。2020 年 10 月 9 日，中国证监会发布消息称，广州期货交易所筹备组正式成立，这标志着广州期货交易所的创建工作进入实质阶段。2021 年 1 月 22 日，中国证监会批准设立广州期货交易所。2021 年 4 月 19 日，广州期货交易所揭牌仪式举行。2022 年 4 月 19 日，广州期货交易所官网（www. gfex. com. cn）正式上线运行并首次完整披露 16 个期货品种，主要包括碳排放权、电力、中证商品指数、能源化工指数、饲料养殖指数、钢厂利润指数、工业硅、多晶硅、锂、稀土、铂、钯、咖啡、高粱、籼米等。2022 年 4 月 29 日，广州期货交易所发布《广州期货交易所交易规则》《广州期货交易所会员管理办法》。2022 年 12 月 22 日，广州期货交易所首个品种——工业硅期货成功上市。

三、期货期权交易品种情况

（一）品种创新

近年来，我国期货市场交易品种的扩容开始加速。从扩容品种看，主要有两个方向：一是与实体经济密切相关的战略性品种，二是以服务“三农”为导向的农产品期货。2022 年，广州期货交易所正式成立，工业硅期货及期权上市交易，未来还将积极稳妥推进绿色发展类期货品种的研究上市工作，为建立健全“双碳”工作的市场化激励约束机制提供工具。随着交易品种的增加，市场中参与交易主体的数量和活跃度将稳步提升，期货市场服务实体经济的能力将进一步增强。

目前，我国商品期货已经发展形成了包括农产品期货、金属期货和能源化工期货、商品期权等在内的众多品类。截至2022年底，中国商品期货市场共有93个期货期权品种，包括65个期货品种和28个期权品种，2022年新上市1个期货品种和8个期权品种。其中，上海期货交易所上市了螺纹钢期权和白银期权；郑州商品交易所上市了菜籽油期权和花生期权；大连商品交易所上市了黄大豆1号期权、黄大豆2号期权和豆油期权；广州期货交易所上市了工业硅期货和工业硅期权，见表1.1和图1.6。

表1.1　截至2022年底我国上市的商品期货期权品种

序号	品种类型	期货期权品种
1	农产品期货（27种）	天胶、豆一、豆二、细木工板（胶合板）、玉米、玉米淀粉、中密度纤维板（纤维板）、棕榈油、普麦、早籼稻、菜籽油、粳稻（谷）、晚籼稻、鲜苹果、干制红枣、油菜籽、强麦、白糖、豆粕、鸡蛋、花生仁、生猪、菜籽粕、棉花、豆油、粳米、棉纱
2	金属期货（14种）	铜、铝、锌、铅、黄金、螺纹钢、线材、白银、热轧卷板、镍、锡、不锈钢、国际铜、工业硅
3	能源化工及其他期货（24种）	燃料油、沥青、漂白硫酸盐针叶木浆、PTA、甲醇（MA）、玻璃、动力煤、硅铁、锰硅、尿素、纯碱、涤纶短纤、线型低密度聚乙烯、聚氯乙烯、焦炭、焦煤、铁矿石、聚丙烯、乙二醇、苯乙烯、液化石油气、中质含硫原油、20号胶、低硫燃料油
4	商品期权（28种）	铜、天胶、黄金、铝、锌、白糖、棉花、PTA、甲醇、菜籽粕、动力煤、豆粕、玉米、铁矿石、液化石油气、聚乙烯、聚丙烯、聚氯乙烯、棕榈油、原油、螺纹钢、白银、菜籽油、花生、黄大豆1号、黄大豆2号、豆油、工业硅

资料来源：中国期货业协会。

（二）国际排名

根据美国期货业协会发布的2022年度全球84家交易所的场内衍生品交易数据，在2022年全球农产品、金属和能源三大品类的成交量排名中，中国品种在农产品品类前20名中占有15席，并包揽前10名；在金属品类前20名中占有12席，前10强中占有9席；在能源品类前20名中占有5

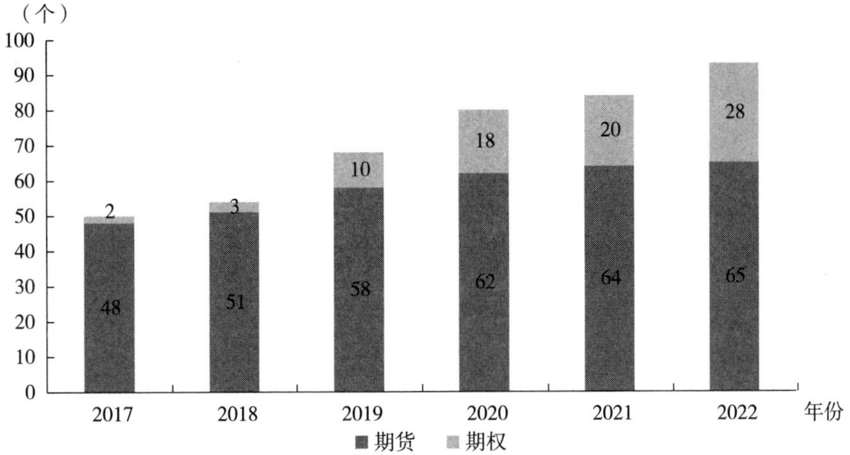

图1.6　2017—2022年中国商品期货市场期货期权品种数量

资料来源：中国期货业协会。

席，前10强中占有3席，见表1.2。

表1.2　2022年全球三大品类商品衍生品成交前20位的中国品种

序号	品种类型	中国期货期权品种
1	农产品类	豆粕期货（1）、棕榈油期货（2）、豆油期货（3）、菜籽粕期货（4）、玉米期货（5）、棉花期货（6）、菜籽油期货（7）、白糖期货（8）、纸浆期货（9）、橡胶期货（10）、豆粕期权（12）、苹果期货（14）、黄大豆1号期货（16）、花生期货（18）、玉米期权（19）
2	金属类	螺纹钢期货（1）、铁矿石期货（2）、热轧卷板期货（3）、铝期货（4）、硅铁期货（5）、锌期货（6）、镍期货（7）、铜期货（9）、锰硅期货（10）、锡期货（13）、铅期货（18）、铜期权（20）
3	能源类	燃料油期货（2）、石油沥青期货（4）、中质含硫原油期货（9）、液化石油气期货（11）、低硫燃料油期货（13）

资料来源：美国期货业协会。

注：括号内数据为全球排名。

专栏1.3　工业硅期货上市增强产业链韧性和安全水平

我国是全球最大的工业硅生产与消费国，同时也是全球最大的工业硅出口国。光伏行业协会数据显示，截至2021年，我国工业硅产能占全球的比重约为78%，出口量占全球贸易量约为48%。虽然我国工业硅产能在全球范围内举足轻重，但一直在定价方面缺少相应的话语权。在目前工业硅国际贸易中，主要把英国金属导报（MB）、英国商品研究所（CRU）等国际机构公布的价格指数作为定价基础。同时，受到欧美国家的反倾销限制，我国工业硅出口价格长期低于挪威和巴西。

2022年12月22日，广州期货交易所首个上市品种——工业硅期货正式上市交易，这也是全球第一个工业硅期货品种。广州期货交易所工业硅期货上市后，有望形成能够反映我国供求情况的工业硅期货，同时有助于将我国在工业硅产业市场份额大、出口贸易占比高的优势转化为与之相匹配的国际市场影响力，进一步提升中国晶硅光伏全产业链的竞争力。

四、期货经营机构发展情况

我国期货经营机构包括期货公司、介绍经纪商、期货保证金存管银行、交割仓库等，期货公司是最重要的期货经营机构。我国期货公司的主要业务包括经纪业务、投资咨询业务、资产管理业务和风险管理公司业务。

（一）资本实力

2021年7月24日，备受瞩目的全国第150家期货公司——山东港信期货有限公司正式开业，这是最近12年国内首次新设的期货公司。到2022年底，中国150家期货公司净资本合计达到1167.43亿元，在2021年突破千亿元大关的基础上同比增长13.53%；总资产1.70万亿元，净资产1841.65亿元，客户权益资金14808.62亿元，同比分别增长23.06%、14.07%和

25.00%；全年营业收入 401.58 亿元，同比下降 18.81%，见图 1.7。

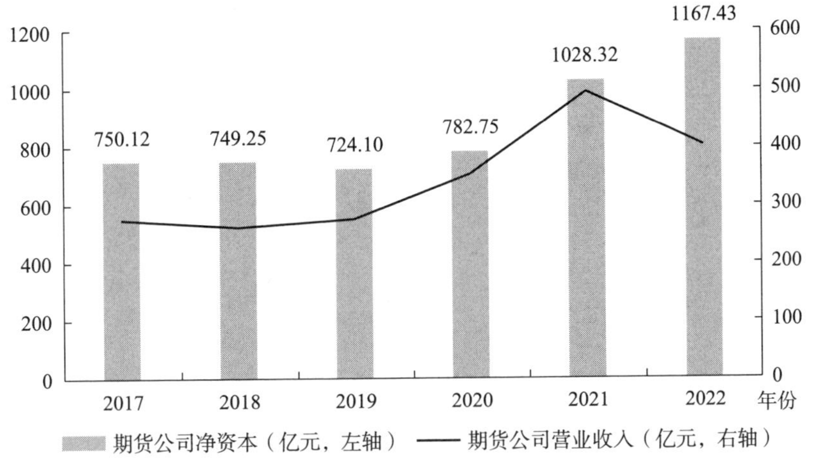

图 1.7　2017—2022 年中国期货公司综合发展实力

资料来源：中国期货业协会。

（二）业务创新

近年来，我国期货行业规范程度的快速提升为各类创新业务的推出和开展奠定了坚实的内在基础，监管部门已推出多项期货创新业务。除了传统经纪业务，期货公司代理基金销售业务、期货投资咨询业务、资产管理业务及通过设立子公司开展的风险管理业务等创新业务已逐步开展。其中风险管理业务与实体经济联系紧密，金融创新水平较高，受到期货公司及业界广泛关注。

2012 年 12 月，中国证监会发布《期货公司设立子公司开展以风险管理服务为主的业务试点工作指引》，鼓励期货公司通过设立子公司开展以风险管理服务为主的业务，有效提升服务实体经济的深度和广度。截至 2022 年末，共有 100 家风险管理公司在中期协进行备案，比上年增加 3 家，行业总资产 1537.12 亿元，净资产 404.07 亿元；仓单服务、做市业务、场外衍生品业务、基差贸易、合作套保等五大风险管理业务备案总数达到 367 个，比上年增加了 13 个，其中基差贸易业务备案数量最大，达到

94 个，见图 1.8 和图 1.9。

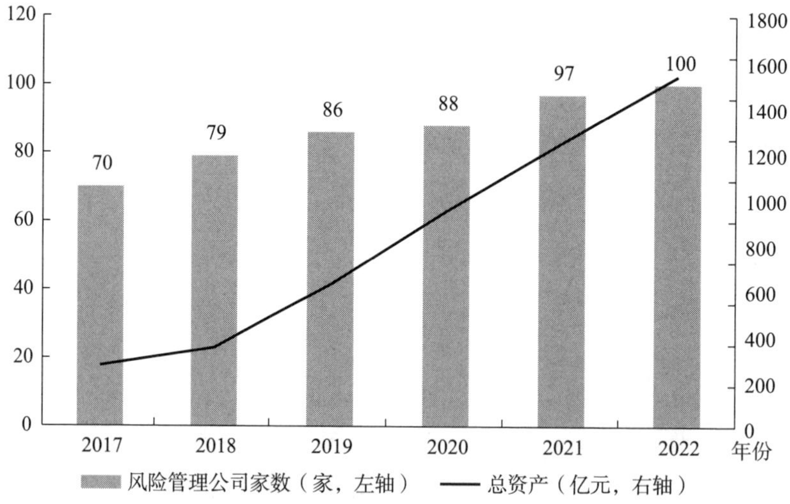

图 1.8　2017—2022 年期货风险管理公司家数与总资产

资料来源：中国期货业协会。

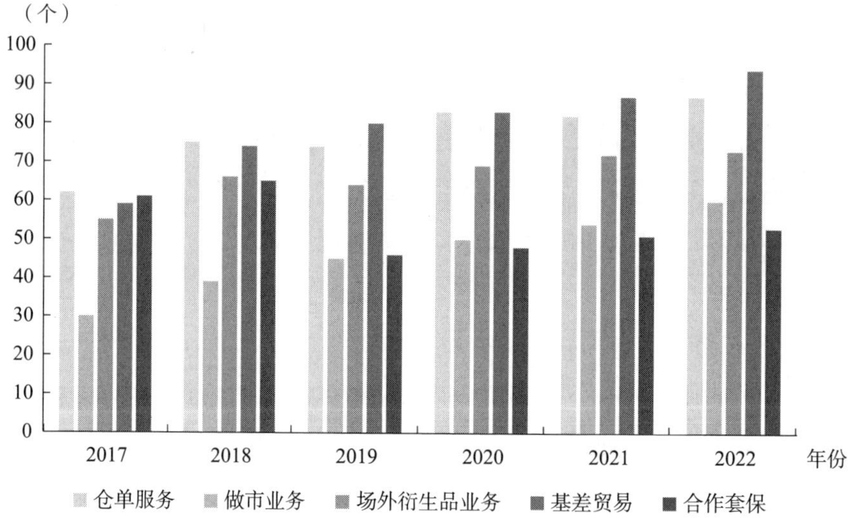

图 1.9　2017—2022 年期货风险管理公司备案业务

资料来源：中国期货业协会。

随着各类创新业务不断推出，我国期货公司的特色化经营特点逐渐凸显。各家期货公司能够根据自身产品和服务优势、股东背景、区域特征等因素确立战略发展重心，打造核心竞争力。期货公司的特色化经营将推动行业内部形成细分市场，改变目前以手续费率为主要竞争手段的局面，推动行业由同质化竞争向差异化竞争转型，有利于管理理念先进、业务模式多元、综合服务能力较强的期货公司制定科学的差异化竞争战略，打造特色化的核心竞争优势。

专栏 1.4　我国期货公司“引进来”与“走出去”

在“引进来”方面，外资期货公司在华展业已有十余年。2005 年 12 月，苏格兰皇家银行旗下荷兰银行获准与银河期货建立国内首家中外合资期货公司。此后，中信新际期货、摩根大通期货相继加入首批合资期货公司阵营。自 2018 年推出国际化品种以来，中国期货市场的对外开放明显加速。同时，伴随期货行业外资持股比限制的逐步放开，外资期货公司发展势头迅猛，在“引进来”方面发挥着越来越重要的作用。2020 年 1 月 1 日起，中国期货市场正式取消期货公司外资股比限制，加快“引进来”的步伐；6 月，证监会依法核准摩根大通期货为中国首家外资全资控股期货公司。

在“走出去”方面，国际化程度越来越高的中国企业利用境外期货和衍生品市场进行风险管理的需求显著增加，推动我国期货公司加快“走出去”发展。越来越多的期货公司大胆“走出去”，开辟新的业务战场，部分头部期货机构的海外业务已经逐渐“开花结果”，成为重要业绩贡献点。最早在 2006 年，南华期货、永安期货、广发期货等 6 家内地期货公司首批获准在香港地区设立分支机构，中国期货公司自此打开国际化大门，期货经营机构海外足迹遍及多个国家。截至 2022 年底，共有 23 家期货公司在境外地区设立了 26 家一级子公司和 30 家二级子公司，拓宽了跨境业务范围。期货公司的国际化路径有以下特点：一是中国香港是期货公司设立境外子公司的首选地，随着期货公司国际化进程的推进，业务逐渐向新加坡、美国、英国等地辐射；二是期货公司以期货经纪业务为基础，逐渐拓展至证券经纪、资产管理、投资咨询、大宗商品贸易等业务，并成立综合性平台以统筹各项业务。

五、期货市场对外开放情况

扩大对外开放是提高我国期货市场核心竞争力和国际影响力的必由之路。继此前原油、铁矿石、PTA、20号胶、低硫燃料油、国际铜、棕榈油期货、棕榈油期权、原油期权等9个品种作为特定品种引入境外交易者、实现直接对外开放后，2022年中国期货市场对外开放的步伐明显加速，我国商品期货市场陆续推出黄大豆1号、黄大豆2号、豆粕、豆油期货及期权共8个期货、期权品种，对外开放特定品种数量增至17个，大豆系列期货和期权品种成为中国商品期货市场首个实现全系对外开放的品种板块。

2022年9月2日，国内4家商品交易所宣布合格境外机构投资者（QFII）和人民币合格境外机构投资者（RQFII）可以参与相关期货、期权合约交易，首批共涉及41个品种，标志着我国期货市场对外开放进程的又一次加速，见表1.3。

表1.3　2022年中国商品期货市场对外开放特定品种

序号	品种类型	期货期权品种
1	农产品期货	棕榈油（2020）、黄大豆1号（2022）、黄大豆2号（2022）、豆粕（2022）、豆油（2022）
2	金属期货	国际铜（2020）
3	能源化工及其他期货	原油（2018）、铁矿石（2018）、PTA（2018）、20号胶（2019）、低硫燃料油（2020）

续表

序号	品种类型	期货期权品种
4	商品期权	棕榈油期权（2021）、原油期权（2021）、黄大豆 1 号期权（2022）、黄大豆 2 号期权（2022）、豆粕期权（2022）、豆油期权（2022）

资料来源：中国期货业协会。

注：括号内为对外开放的年份。

专栏 1.5　我国期货市场对外开放已经结下累累硕果

2022 年 9 月 2 日，中国证监会副主席方星海在“2022 中国国际金融年度论坛”上表示，期货市场对外开放取得新成绩。截至 2022 年 8 月 26 日，境外投资者在股指期货市场的客户权益为 317.55 亿元，在原油期货、铁矿石期货、PTA 期货、20 号胶、棕榈油、国际铜、低硫燃料油期货市场的客户权益合计 212.97 亿元。

从市场运行情况来看，特定品种的期货价格已成为跨境贸易中的重要定价参考，品种的国际影响力也在持续增强，服务全球产业链的能力不断提升。原油期货作为我国期货市场第一个对外开放品种，上海原油期货境外客户日均成交占比、日均持仓占比达到 15%~25%；铁矿石期货吸引英美资源集团、嘉能可、拓克等大型国际公司参与，已发展成为全球交易量最大、唯一采用单一实物交割的铁矿石衍生品；PTA（精对苯二甲酸）作为我国期货市场首个引入境外交易者的化工品种和全球唯一的聚酯类期货品种，已经成为全球聚酯产业的价格风向标；天然橡胶和 20 号胶期货互为补充，已成为全球最主要的天然橡胶期货市场。

第二章 中国商品期货市场高质量发展指数

一、中国商品期货市场高质量发展内涵

党的二十大报告指出，高质量发展是全面建设社会主义现代化国家的首要任务。高质量发展是我国当前和今后一段时期确定发展思路、制定经济政策的根本要求。商品期货市场具有规避风险、价格发现和资源配置等功能，可防范化解实体经济和金融机构的市场风险，有助于提升国民经济的运行质量和效率，从而助推经济高质量发展。

从内涵上来看，期货市场高质量发展是以服务国家战略和实体经济为目标，以创新为发展动力，市场结构合理，以高效率和高效益的方式持续稳定地为经济社会提供高质量产品和服务的可持续发展①。它包括市场运行高效、市场品种创新、市场功能完善、市场主体活跃、市场国际化水平较高等五个方面。

具体来说，期货市场高质量发展，第一，体现在市场规模体量较大、市场交易活跃，而且投资者结构合理，期货市场高效定价特征得到充分体现；第二，期货市场根据经济社会以及消费结构的变化，及时推出相应的创新交易品种；第三，期货市场要根据企业不断增加的个性化需求，提供丰富风险管理产品和服务，充分发挥市场各项功能；第四，期货经营机构要不断发展壮大，通过高效的运营管理承担市场发展和创新的主体责任；

① 蔡胜勋、张博：《中国期货市场高质量发展：内涵、特征与实现路径》，《西南金融》2021年第12期，第80-91页。

第五，高质量发展还应该包括多元开放条件下期货市场的国际化水平较高，在不断吸引国际投资者参与的过程中提升国际大宗商品定价的话语权。

二、中国商品期货市场高质量发展指数评价体系

（一）指标体系

中国商品期货市场高质量发展指数包括 5 个一级指标，分别为商品期货市场的运行效率、品种创新、功能提升、机构发展、对外开放等。

在二级指标中，用成交量、成交额、机构客户数量 3 个指标评价运行效率情况；用商品期货期权品种数量 1 个指标评价品种创新情况；用仓单服务规模、场外衍生品业务成交名义本金规模、基差贸易现货购销额 3 个指标评价功能提升情况；用期货公司净资本、期货公司营业收入 2 个指标评价机构发展情况；用国际化品种数量 1 个指标评价对外开放情况，见表 2.1。

表 2.1　中国商品期货市场高质量发展指数指标体系

一级指标	二级指标	单位
运行效率	成交量	亿手
	成交额	万亿元
	机构客户数量	万家
品种创新	商品期货期权品种数量	个
功能提升	仓单服务规模	亿元
	场外衍生品业务成交名义本金规模	亿元
	基差贸易现货购销额	亿元
机构发展	期货公司净资本	亿元
	期货公司营业收入	亿元
对外开放	国际化品种数量	个

资料来源：中国期货业协会、《中国证券期货统计年鉴》等。

（二）原始数据

2018 年是中国商品期货市场国际化“元年”。2018 年 3 月 26 日，我国首个国际化期货品种——原油期货挂牌交易，迈出了商品期货市场里程碑式的一步。期货市场国际化具有重要的战略意义，不仅是引入国际投资者，更重要的是提升国内市场在大宗商品定价权上的影响力。“中国商品期货市场高质量发展指数”也选择以 2018 年为基年，评价近五年中国商品期货市场发展质量和水平，见表 2. 2。

表 2. 2　中国商品期货市场高质量发展指数原始数据

序号	指标	2018 年	2019 年	2020 年	2021 年	2022 年
1	成交量/亿手	30. 02	38. 96	60. 37	73. 92	66. 16
2	成交额/万亿元	184. 70	220. 99	322. 09	463. 03	401. 88
3	机构客户数量/万家	3. 9	4. 6	5. 9	7. 2	8. 3
4	商品期货期权品种数量/个	54	68	80	84	93
5	仓单服务规模/亿元	136. 36	215. 54	353. 81	428. 42	327. 89
6	场外衍生品业务成交名义本金规模/亿元	9717. 51	11085. 70	6685. 25	12669. 84	15838. 28
7	基差贸易现货购销额/亿元	2366. 13	3875. 19	4449. 77	5565. 76	4827. 55
8	期货公司净资本/亿元	749. 25	724. 10	782. 75	1028. 32	1167. 43
9	期货公司营业收入/亿元	261. 75	275. 57	352. 45	494. 64	401. 58
10	国际化品种数量/个	3	4	7	9	17

资料来源：中国期货业协会、《中国证券期货统计年鉴》等。

（三）评价方法

首先，对各个二级指标进行标准化处理。每个二级指标均以 2018 年为基期（=100），按照倍数关系将各个二级指标标准化。例如，2019 年商品期货市场成交量为 38. 96 亿手，是 2018 年的 1. 2978 倍，那么 2019 年成交量标准化值就是 129. 78。

其次，赋予各个二级指标相应权重。在本报告中，对各个二级指标平均赋权，即每个二级指标的权重均为 10%。

再次，计算各个二级指标的指数得分。将二级指标的标准化值与该二级指标的权重相乘，得到该二级指标的指数得分。例如，2019 年商品期货市场成交量标准化值为 129. 78，该二级指标的权重为 10%，所以 2019 年商品期货市场成交量的指数得分为 12. 978 分。

最后，将全部二级指标的指数得分加总，得到中国商品期货市场高质量发展指数综合指数。上述指标评价的结果显示，2021 年中国商品期货市场高质量发展指数（综合指数）为 214 分，比 2018 年（100 分）翻了一番。

此外，还可以按照特定领域分类加总，得到中国商品期货市场高质量发展指数分项指数。如运行效率领域，2022 年中国商品期货市场高质量发展指数“运行效率”分项指数为 65. 082 分，比 2018 年（30 分）增加了 116. 94%。

（四）计算结果

基于上述评价方法的结果，以 2018 年为基期 100 计算，2022 年中国商品期货市场高质量发展综合指数达到了 230. 64，相对 2018 年增长率 130. 64%。从具体构成来看，运行效率指数增长了 116. 94%，品种创新指数增长了 72. 22%，功能提升指数增长了 102. 49%，机构发展指数增长了 54. 62%，对外开放指数增长了 466. 67%，见表 2. 3。

表 2. 3　2018—2022 年中国商品期货市场高质量发展指数

	2018 年	2019 年	2020 年	2021 年	2022 年	累计增长率（%）
综合指数	100. 000	126. 449	166. 373	214. 315	230. 642	130. 64
运行效率	30. 000	36. 738	52. 681	68. 158	65. 082	116. 94
品种创新	10. 000	12. 593	14. 815	15. 556	17. 222	72. 22
功能提升	30. 000	43. 592	51. 632	67. 979	60. 747	102. 49
机构发展	20. 000	20. 192	23. 912	32. 622	30. 923	54. 62
对外开放	10. 000	13. 333	23. 333	30. 000	56. 667	466. 67

三、中国商品期货市场高质量发展指数评价结果

（一）综合发展质量持续上升

近年来，中国商品期货市场高质量发展指数呈持续上升态势，2018—2022 年 5 年综合指数分别为 100. 00、126. 45、166. 37、214. 32、230. 64。见图 2. 1。运行效率、品种创新、功能提升、机构发展、对外开放 5 个评价维度均对中国商品期货市场高质量发展产生了重要支撑作用，其中对外开放指数增速最快，达到 466. 67%，而机构发展、品种创新指数增速相对较慢，分别为 54. 62%、72. 22%。见表 2. 3。

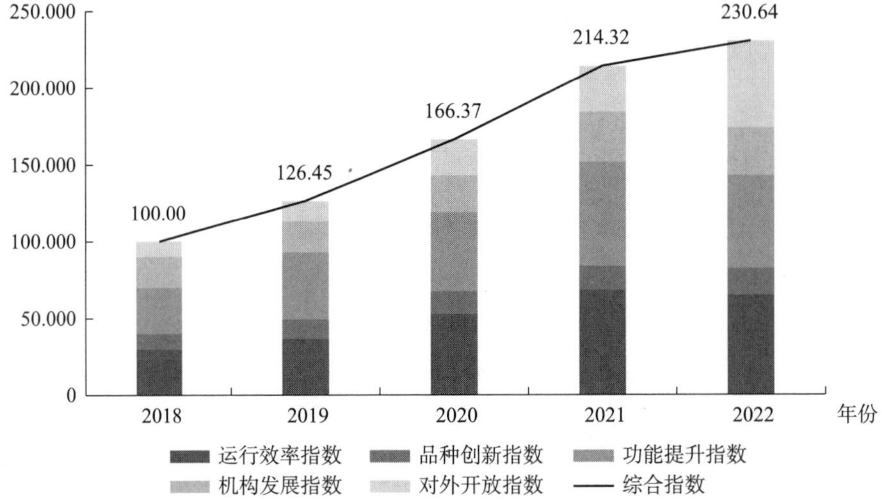

图 2. 1　2018—2022 年中国商品期货市场高质量发展指数

（二）市场运行效率大幅提升

从 2018 年到 2022 年，运行效率指数从 30 增长到 65. 08，累计约增长了 117%。其中，2021 年达到最高值 68. 16，2022 年略有下降，见图 2. 2。

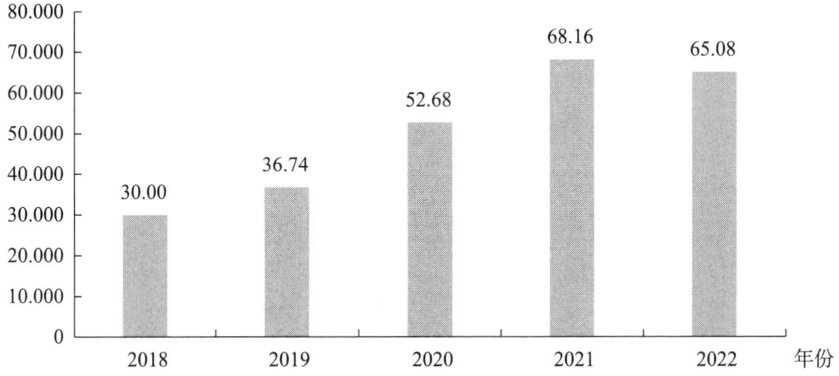

图 2.2　2018—2022 年中国商品期货市场高质量发展运行效率指数

具体来看，从 2018 年到 2022 年，成交量从 30.02 亿手上升到 66.16 亿手，增长了 120.41%；成交额从 184.70 万亿元上升到 401.88 万亿元，增长了 117.59%。随着中国期货市场的品种增多和体量增大，市场的投资者结构也在发生着变化，越来越多的产业客户和机构投资者利用期货市场管理风险、配置资产，投资者机构化趋势越发明显，这有利于引导投资者理性、长期投资，从而使期货市场定价功能得到更好发挥。从 2018 年到 2022 年，期货市场机构客户（包括产业类客户和机构投资者客户）从 3.9 万家上升到 8.3 万家，翻了一番多。

（三）交易品种创新显著加快

从 2018 年到 2022 年，品种创新指数从 10 增长到 17.22，累计增长 72.22%，见图 2.3。

具体来看，从 2018 年底到 2022 年底，商品期货期权品种数从 54 个增加到 93 个，四年累计增加 39 个，平均每年新上市 10 个品种；特别是商品期权从 3 个快速增加到 28 个，进一步完善了我国商品期货市场产品体系。我国商品期货市场已经形成有色产业、钢铁产业、农业养殖产业、能源化工产业等多条产业链品种体系，基本涵盖了国民经济发展主要领域。

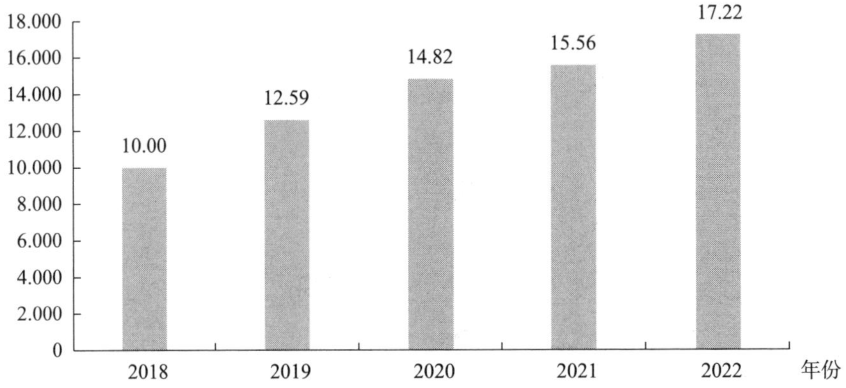

图 2.3　2018—2022 年中国商品期货市场高质量发展品种创新指数

（四）市场功能得到更好发挥

从 2018 年到 2022 年，功能提升指数从 30 增长到 60.75，累计增长 102.5%，见图 2.4。

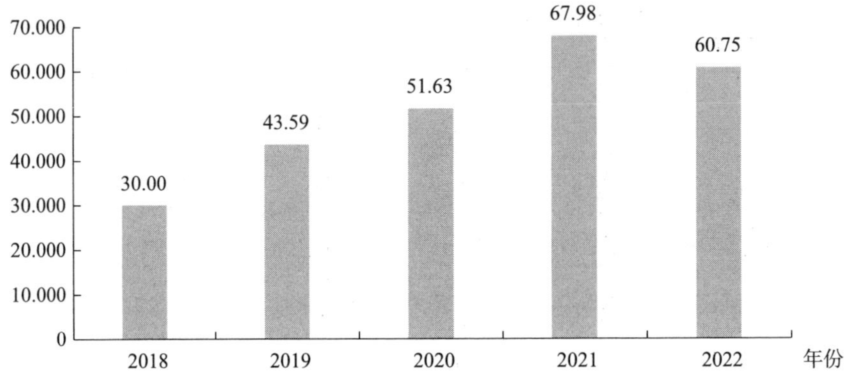

图 2.4　2018—2022 年中国商品期货市场高质量发展功能提升指数

具体来看，从 2018 年到 2022 年，期货公司风险管理子公司仓单服务业务规模从 136.36 亿元增长到 327.89 亿元，约增长了 140%；场外衍生品业务成交名义本金规模从 9717.51 亿元增长到 15838.28 亿元，约增长了 63%；基差贸易现货购销额从 2366.13 亿元增长到 4827.55 亿元，约增长了 104%。中国商品期货市场发展正加快从场内辐射至场外，更好满足实体经济多样化个性化需求。

（五）经营机构实力明显增强

从 2018 年到 2022 年，机构发展指数从 20 增长到 30. 92，约累计增长 54. 6%，见图 2. 5。

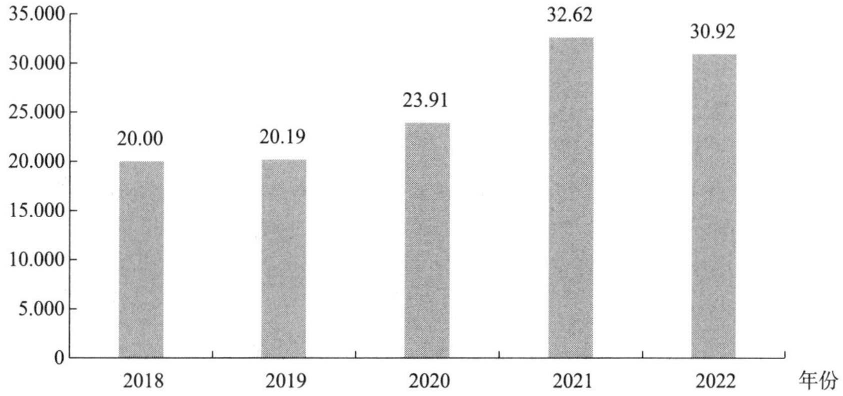

图 2. 5　2018—2022 年中国商品期货市场高质量发展机构发展指数

具体来看，从 2018 年到 2022 年，期货公司净资本从 749. 25 亿元增长到 1167. 43 亿元，约增长了 56%；营业收入从 261. 75 亿元增长到 401. 58 亿元，约增长了 53%。依托实体经济的发展，期货业从初期的经纪业务扩展到了风险管理、资产管理、投资咨询等创新业务领域，期货公司业务模式不断扩展，逐步实现了从通道业务提供者向综合衍生品服务商转型。

（六）市场对外开放持续扩大

从 2018 年到 2022 年，对外开放指数从 10 增长到 56. 67，累计增长 467%，见图 2. 6。

具体来看，从 2018 年底到 2022 年底，我国商品期货期权国际化品种数量从 3 个增加到 17 个，约增长了 4. 67 倍。继 2018 年 3 月原油期货作为首个对外开放品种成功上市后，连续四年分别新增 1 个、3 个、2 个、8 个对外开放品种，市场开放速度不断加快，相关品种境外客户参与度不断提

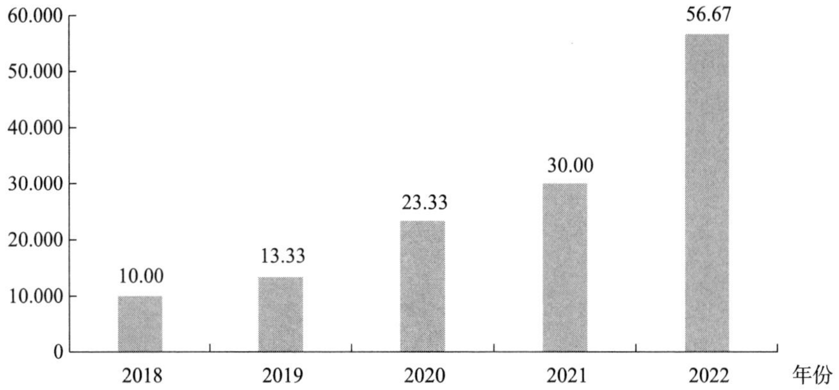

图 2. 6　2018—2022 年中国商品期货市场高质量发展对外开放指数

升，相应品种的国际定价能力也得到有效增强，越来越多的品种成为境内外客户进行商品交易的定价依据和重要参考。

第三章 2022年大连期货市场发展情况

一、大连“两先区”“三个中心”建设情况

大连是我国北方重要的港口、工业、贸易、金融和旅游城市，是我国5个计划单列市之一、15个副省级城市之一、14个首批沿海开放城市之一，新时代被党中央、国务院赋予建设“两先区”“三个中心”（产业结构优化的先导区、经济社会发展的先行区和东北亚国际航运中心、东北亚国际物流中心、区域性金融中心）的战略任务，这也为大连期货市场创新和期货产业集群式发展带来了重大战略机遇和广阔市场空间。

（一）经济社会发展

大连市统计局《2022年1—12月份大连市主要经济指标》显示，2022年大连实现地区生产总值8430.9亿元，按可比价格计算，同比增长4.0%。固定资产投资增长6.5%；规模以上工业增加值增长5.1%；外贸进出口总额增长12.8%；实际利用外资增长16.7%；城乡居民人均可支配收入与经济增长基本保持一致；居民消费价格上涨2.2%。主要经济指标好于全国、领先东北，在全省经济首位度不断提升，经济社会高质量发展的基础日益夯实，见图3.1。

（二）产业结构优化

2022年，大连市全社会研发经费支出占GDP比重达3.1%，成为东北地区首个突破3%的城市。科技创新驱动产业转型升级成效十分显著，大

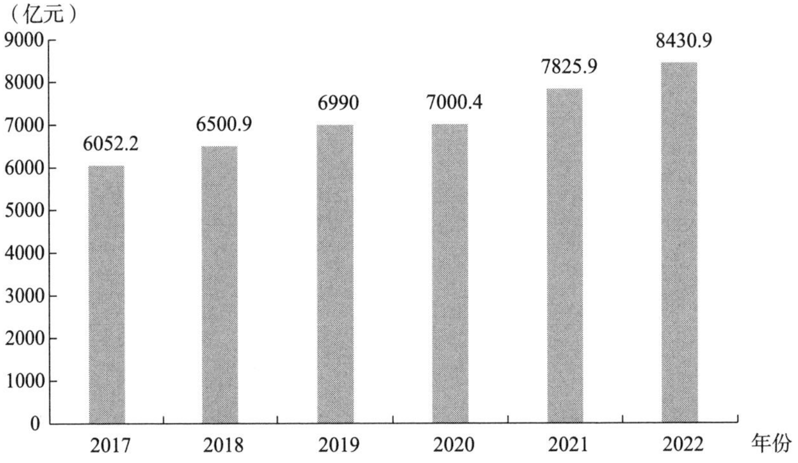

图 3.1　2017—2022 年大连地区生产总值情况

资料来源：大连市统计局，其中 2021 年、2022 年 GDP 为快报数据。

连市规上工业高技术制造业增加值同比增长 15.4%，高于全市规上工业 10.3 个百分点；占规上工业增加值比重达 11.7%，比 2021 年提高了 0.6 个百分点。分行业看，占高技术制造业增加值比重 30.5%的医药制造业增长 9.6%，占比 55.1%的电子及通信设备制造业增长 24.7%，高端领域继续保持较快增长态势，引领全市工业经济实现恢复性增长，见图 3.2。

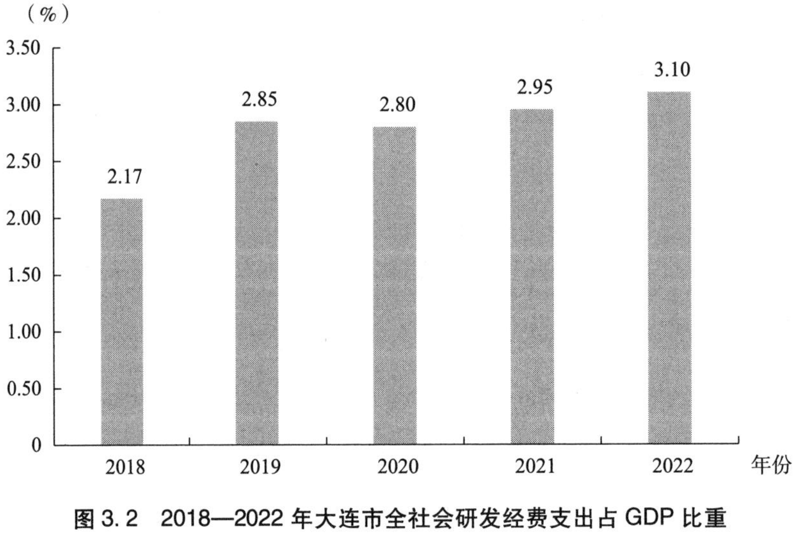

图 3.2　2018—2022 年大连市全社会研发经费支出占 GDP 比重

（三）东北亚国际航运中心建设

2022 年，大连全年新开集装箱班轮航线 7 条，大连口岸集装箱航线达 103 条，实现 RCEP 成员国核心港口全覆盖；大连港总体规划通过部省联合审查，汽车码头新建铁路专用线项目和旅顺新港“班轮+班列”多式联运新模式入选交通强国试点；大连集装箱吞吐量 446 万标箱，增长 22%，增速居全国港口前列。但是，相对于疫情前，大连集装箱吞吐量出现明显下滑，仍处于恢复发展期，见图 3.3。

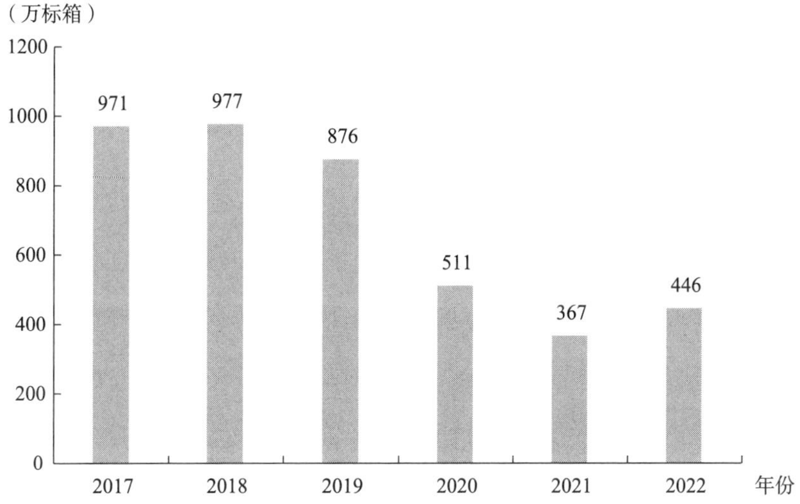

图 3.3　2017—2022 年大连集装箱吞吐量

（四）东北亚国际物流中心建设

2022 年，大连物流中心功能体系进一步完善，东北海陆大通道、“北粮南运”通道建设顺利推进，发行“辽满欧”“辽蒙欧”“辽新欧”等中欧班列增长 26.4%，粮食吞吐量增长 29.2%，过境商品车增长 121%。2022 年全年大连港口货物吞吐量 3.1 亿吨，其中外贸货物吞吐量 1.3 万吨，均与 2021 年水平大致持平，见图 3.4。

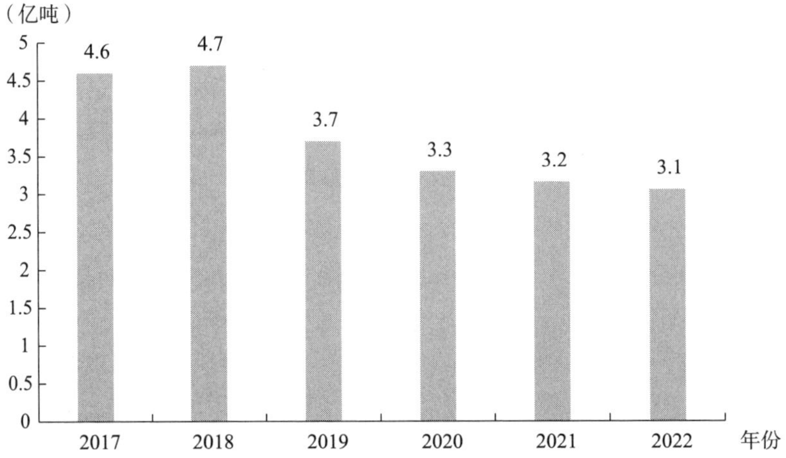

图 3.4　2017—2022 年大连港口货物吞吐量

（五）区域性金融中心建设

2022 年，大连区域性金融中心建设加快提速，金融业增加值在服务业增加值和全市地方生产总值中占比分别为 16.3%和 8%，金融业支柱产业地位和金融中心实力进一步凸显。自 2015 年 3 月首次被纳入“全球金融中心指数”（GFCI）榜单至今，大连已连续 17 次入选榜单，是内地 12 个入选城市之一。在 2023 年 3 月发布的 GFCI 33 中，大连综合竞争力排名全球第 72 位，在内地 12 个金融中心排名第 7。在各个评价维度中，大连营商环境、人力资本、基础设施、金融业发展水平、城市声誉五大竞争力指标分别排名全球 73、73、75、77 和 70 位，较上期均有不同程度提升，其中基础设施排名提升了 15 名，这反映了大连区域性金融中心发展的各项客观指标均有良好表现，未来仍有较大上升空间，见表 3.1。

表 3.1　GFCI 33 中大连特征指标全球排名情况

大连特征指标	GFCI 33	GFCI 32
营商环境	73	79
人力资本	73	86
基础设施	75	90

续表

大连特征指标	GFCI 33	GFCI 32
金融业发展水平	77	84
城市声誉	70	78

从细分领域看，大连商品交易所 2022 年全年成交量和成交额分别为 22.75 亿手和 123.73 万亿元，分别占全国市场的 33.62%和 23.13%，成交量居全球商品衍生品交易所第二位，正在加速建设成为期货现货结合、场内场外协同、境内境外联通的国际一流衍生品交易所；截至 2022 年末，大连各项存、贷款余额分别为约 1.9 万亿元和 1.4 万亿元，同比分别增长 10.7%和 5.1%，当年新增分别为 1829.5 亿元和 694.7 亿元，存款增量、增速创近十年新高，贷款增量、增速创近七年新高。全市境内上市公司 31 家，占全省 34.8%；境内上市公司总市值 4546 亿元，占全省 46%。2022 年，全年有 32 家次企业发行债券融资 344.8 亿元，其中企业发行债务融资工具 262 亿元，占全省 71.7%。2022 年，全市实现保费收入 400.8 亿元；保险深度 4.8%，高于全国平均水平 0.9 个百分点；保险密度 5322 元/人，高于全国平均水平 1996 元/人，见图 3.5。

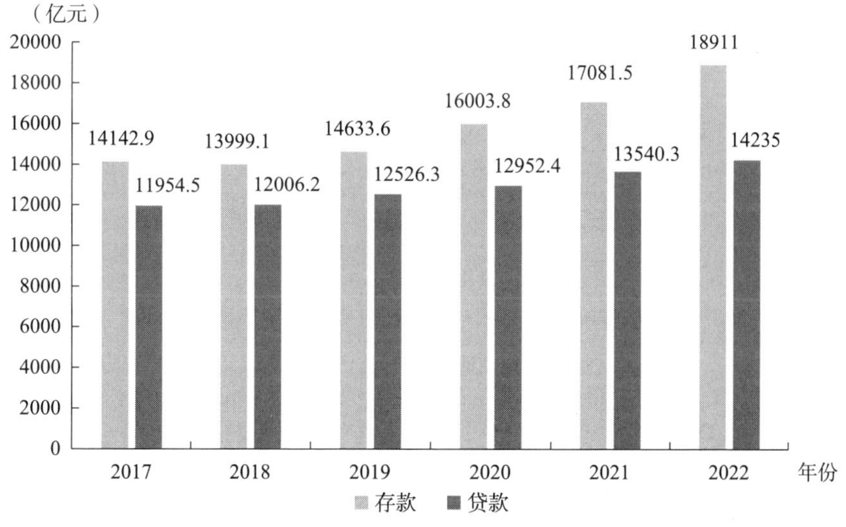

图 3.5　2017—2022 年大连金融机构各项存、贷款余额

专栏 3.1　大连在“中国金融中心指数”中的表现

中国金融中心指数（CFCI）由国家高端智库——中国（深圳）综合开发研究院编制。该指数构建了一套适应我国金融中心发展特点的竞争力评价体系，旨在跟踪研究我国金融中心发展状况，为相关政府决策部门提供政策优化的参考依据，为社会各界提供我国金融中心建设的前沿观察。

中国金融中心指数使用了 4 级架构共计 95 项指标，涵盖金融产业绩效、金融机构实力、金融市场规模和金融生态环境等四个方面，对我国 36 个具有代表性的金融中心城市综合发展情况进行了全面、深入的竞争力评估。首期中国金融中心指数于 2009 年发布，其后每年更新一次，截止到 2022 年一共发布了 14 期，见专栏图 3-1。

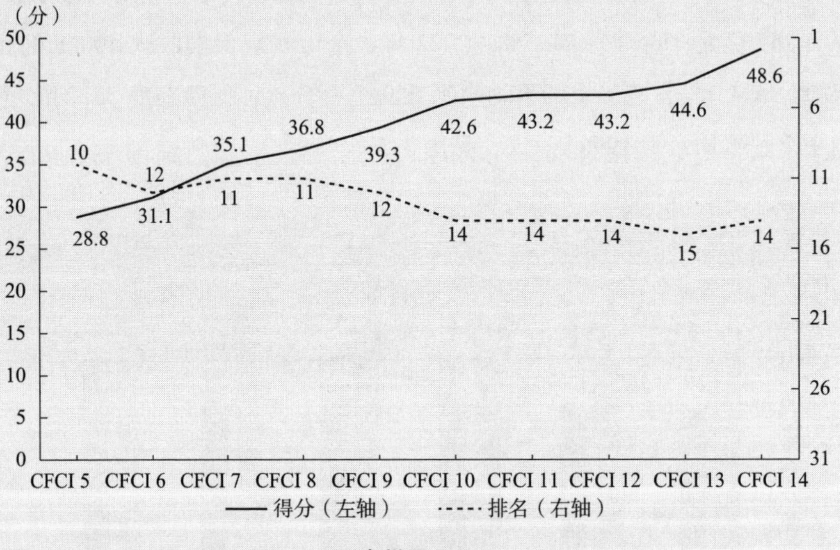

专栏图 3-1

从中国金融中心指数来看，大连金融中心综合竞争力得分保持稳中有进的态势，得分从第 5 期 28.8 分上升到第 14 期 48.6 分，在东北地区始终保持排名首位，在全国排名保持在第 10~第 15 位。2022 年，第

14 期全国排名上升 1 位，居全国第 14 位。从四大评价维度来看，大连金融产业绩效排名第 30 位，金融机构实力排名第 22 位，金融市场规模排名第 4 位，金融生态环境排名第 20 位。

二、大连商品期货市场发展情况

大连商品交易所（简称“大商所”，DCE）成立于 1993 年，是经国务院批准并由中国证监会监督管理的五家期货交易所之一，也是中国东北地区唯一一家期货交易所。2022 年，大连商品交易所日均持仓量居国内交易所首位，成交量、成交额居国内交易所第 2 位。

（一）交易规模位居全球第二

2022 年，大连商品交易所实现成交量为 22.75 亿手，累计成交额为 123.73 万亿元，同比分别下降 3.77% 和 11.91%，分别占全国市场的 33.62%和 23.13%，见图 3.6。

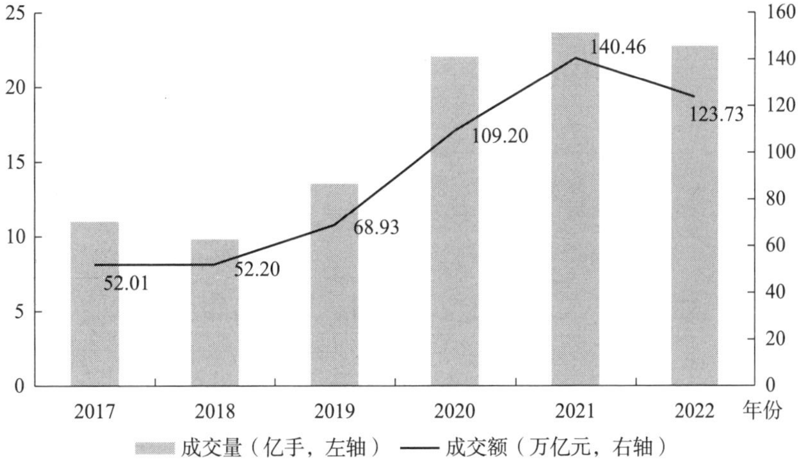

图 3.6　2017—2022 年大连商品交易所成交量与成交额

资料来源：中国期货业协会。

根据美国期货业协会统计，2022 年大连商品交易所成交量位居全球第 2 位，已发展成为全球最大的塑料、煤炭、铁矿石及主要农产品期货市场。在 2022 年全球农产品、金属和能源三大品类的成交量排名中，大连商品交易所交易品种在农产品品类前 20 名中占有 8 席，分别为豆粕期货、棕榈油期货、豆油期货、玉米期货、豆粕期权、玉米淀粉期货、黄大豆 1 号期货、玉米期权；在金属品类前 20 名中占有 2 席，分别为铁矿石期货、铁矿石期权；在能源品类前 20 名中占有 1 席，为液化石油气期货，见表 3. 2。

表 3. 2　2022 年三大品类商品衍生品成交前 20 位的大连商品交易所品种

序号	期货期权品种	2022 年交易量全球排名
1	豆粕期货	农产品类第 1
2	棕榈油期货	农产品类第 2
3	豆油期货	农产品类第 3
4	玉米期货	农产品类第 5
5	豆粕期权	农产品类第 12
6	玉米淀粉期货	农产品类第 14
7	黄大豆 1 号期货	农产品类第 16
8	玉米期权	农产品类第 19
9	铁矿石期货	金属类第 2
10	铁矿石期权	金属类第 11
11	液化石油气期货	能源类第 11

资料来源：美国期货业协会。

专栏 3. 2　大连商品交易所引入做市商制度的成效

期货市场一直存在“合约不连续、近月不活跃”现象，即“159 现象”：很多期货品种虽有 10 余个合约，但却只有 1 月、5 月、9 月合约比较活跃，其他月份合约的活跃度不够。引入做市商前，大连商品交易所除鸡蛋、豆二个别品种外，大部分品种的非1月、5月、9月合约基本处于“无成交、零持仓”状态。

大连商品交易所大力实施以做市商制度为核心的一揽子措施促进期货合约连续活跃，仅2020年上半年就新增14个品种引入做市商，液化石油气（LPG）期货更是在上市当日即启动做市商业务。截至2021年底，在大连商品交易所21个期货品种中，除纤维板、胶合板、生猪外其他18个品种全部引入做市商，品种覆盖率约为86%，率先实现主要品种做市业务全覆盖。交易数据显示，大连商品交易所引入做市商后，做市合约成交量、持仓量迅速增长，且呈环比逐月增长态势。2021年12月各做市品种非1月、5月、9月合约成交量占整体品种比例的平均值为30%，持仓量占整体品种比例的平均值为47%。玉米、玉米淀粉、豆一、豆二、粳米、鸡蛋、液化石油气、苯乙烯等品种实现连续活跃，铁矿石、油脂、塑料等品种连续活跃效果持续提升。随着市场的流动性和风险承载能力越来越强，引发越来越多的产业和投资者开始关注非主力合约交易，市场利用非1月、5月、9月合约进行定价、风险管理明显增加，期货市场产业服务水平进一步提升。

（二）品种创新取得全新突破

大连商品交易所成立30年来，始终坚持服务国家战略、服务实体经济，始终坚持规范运营、稳步发展，连续5年新增期货期权交易品种，继2020年上市首个气体能源类期货——液化石油气（LPG）期货并实现大连商品交易所能源类期货“零的突破”后，2021年大连商品交易所新上市1个期货品种和1个期权品种，2022年又新上市3个期权品种。截至2022年底，大连商品交易所已上市包括全球首个实物交割的铁矿石期货、国内首个活体交割畜牧品种——生猪期货等在内的21个大宗商品期货和11个期权品种，品种覆盖农业、能源化工、煤炭矿产等国民经济主要领域。

2022年8月8日，黄大豆1号、黄大豆2号和豆油期权在大连商品交易所挂牌上市，实现了豆类产业链的期货和期权工具全覆盖。上市黄大豆1号、黄大豆2号和豆油期权，将为相关产业企业提供更加精细化的风险管理工具、丰富的策略和灵活的套保方式，更加有效满足产业链上下游的现实需求，推动大豆产业的优化和转型升级，见图3.7。

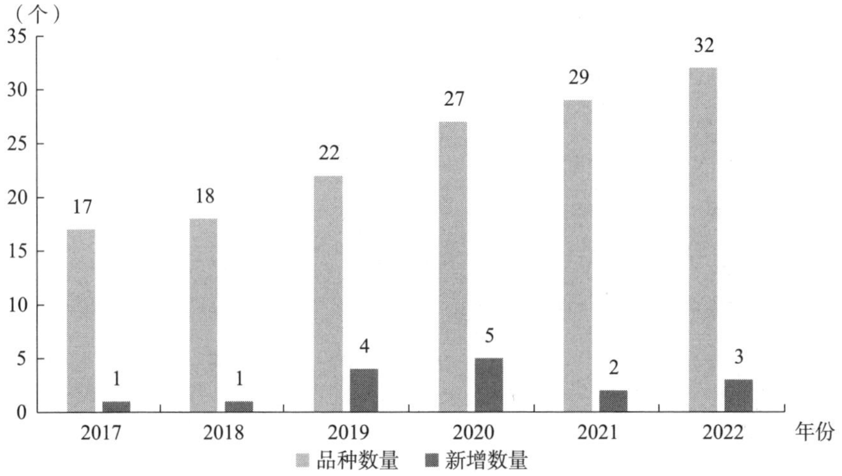

图3.7　2017—2022年大连商品交易所商品期货期权品种数量和新增数量

资料来源：中国期货业协会。

专栏3.3　大连商品交易所商品期权品种创新[①]

2017年3月31日，大连商品交易所成功上市我国首个商品期权——豆粕期权，填补了国内商品期权的空白，改变了国内商品期货市场20多年来只有期货工具的历史。

所谓期权，是指期权合约的买方在向卖方支付一定数量的权利金后，拥有在未来一段时间内以事先约定好的价格从卖方买入或卖出一定数量特定标的物的权利。与期货买方和卖方都承担义务不同，期权

① 节选自2022年3月《中国经营报》《商品期权市场五年蝶变》，经过改编。

买方只享有权利，可避免追加保证金的烦琐和可能面临的资金不足风险，套保者还可以通过在众多行权价中选择合适价格，明确未来最高买价或最低卖价，也可以实施期权、期货、现货的多样化组合套保策略，进一步降低市场风险。期权合约的这些特点使其在海外市场成功普及。经过多年精心培育，大连商品交易所期权市场功能逐步发挥，通过与期货市场有效联动，促进期货市场价格发现，缓解期货市场价格波动压力。如在 2018 年 11 月中美经贸摩擦期间 G20 峰会中美两国领导人会晤前夕，市场关于经贸摩擦结果的不确定性预期达到最大，市场投资者积极利用豆粕期权管理期现货价格波动，促使豆粕期权市场交投活跃，主力系列隐含波动率一度跃升至 44%，而标的期货主力合约历史波动率始终维持在 23% 的水平，市场不确定性风险主要由期权承担，而豆粕期货价格并未产生大幅波动；在 2018 年 12 月 1 日中美两国领导人会晤达成共识之后，豆粕期权主力系列隐含波动率迅速回落至 19%，与标的豆粕期货处于同一水平。可见，在市场不确定性增大过程中，豆粕期权使市场情绪得到释放，充分发挥出对标的期货市场波动性风险进行预期管理的功能，提高了期货价格的稳定性。

（三）场外市场加快扩容升级

中国标准化的期货市场经过 30 多年的探索成长，深化发展已经出现了瓶颈。协同发展好场外市场，既能促进场内市场的进一步发展，又能满足实体企业日益丰富多样的风险管理需求。为此，大连商品交易所提出了场外市场“一圈两中心”的建设目标，即通过建设大宗商品生态圈、交易中心和价格信息中心，为实体企业提供丰富、多元、完善的配套服务，为畅通经济循环、提升产业链与供应链安全稳定发挥应有的作用。

大连商品交易所从 2015 年开始试点场外业务，2018 年推出互换交易，2019 年上线基差交易业务，2020 年启动“一圈两中心”建设，依托场外综合服务平台上线了标准仓单、非标仓单、提货单交易业务，2022 年大连商品交易所成功上线大宗商品仓单登记中心，正式上线场外期权业务，各大场外业务基本覆盖了大连商品交易所全部上市品种，形成了场内外相互映射的品种格局。

经过多年探索，大连商品交易所逐步形成期货现货结合、场内场外协同、有效满足产业企业多元化需求的新路径、新模式，如包含“保险+期货”等多种模式在内的“农民收入保障计划”和包含基差贸易、场外期权等模式在内的“企业风险管理计划”等服务模式创新。2021 年大连商品交易所场外市场成交规模 613 亿元，是 2020 年的近 5 倍。

专栏 3.4　大连商品交易所上线大宗商品仓单登记中心

2022 年，大连商品交易所场外市场“一圈两中心”加速建设，成功上线大宗商品仓单登记中心，涉及玉米、铁矿石等 16 个品种，实现了期货交易所与中国人民银行征信中心动产融资统一登记公示系统的对接。上线首日，大连商品交易所仓单登记中心已有 630 余家仓库、900 余家产业链企业可以登录使用。

仓单是仓储货物存管凭证，是大宗商品期现货市场的基本元素，也是大宗商品期现货市场连通融合的桥梁和纽带。长期以来，由于期货市场只有标准品交易，如何通过全国统一的仓单平台建设，促进解决不同地区、品质、品牌的价格升贴水问题，直接关系期货市场功能发挥和高质量发展。同时，大宗商品监管难、确权难、融资难以及仓单虚开、重复质押、一物多卖等问题频发，给期现货市场安全平稳运行带来风险挑战。为贯彻落实党的二十大精神，落实《中共中央　国务院关于加快建设全国统一大市场的意见》《辽宁沿海经济带高质量发展规划》关于“支持大连商品交易所深化期现合作，建设大宗商品仓单登记中心”的要求，响应实体产业对仓单增信的普遍诉求，大连商品交易所基于自身特色品种，依托场内标准化仓单注册登记和管理优势，谋划将相关业务拓展至场外非标仓单领域，共同建设集中统一、规范有序、安全高效、共建共享的数字化大宗商品仓单登记中心。

建设仓单登记中心，一方面，能够提高期货市场定价有效性和交割便利性。仓单登记中心通过仓单登记和交易，逐步形成除场内各品种标准交割品级、交割基准地点之外，更多品级商品和现货交收地点的权威定价以及更加科学合理的品质、地点升贴水，提升期货市场定价的有效性。同时，通过仓单交易、串换以及关联更多的交割品级和交割区域，仓单登记中心能够解决期货市场交割不便利的问题，更好地连通期现货市场，满足实体经济个性化需要。另一方面，建设仓单登记中心，能够提升现货市场交易及融资的安全与效率。大宗商品体量大、货值大、管理难度大，各地区、各行业现货市场发育水平参差不齐，需要基于统一大市场框架，加快建设现代流通网络，完善市场信息交互渠道，推动交易平台优化升级，推进市场设施高标准连通。同时，大宗商品是企业的重要资产，企业需要盘活资产存量、提高资产使用效率，而银行等金融机构对于大宗商品确权、增信有现实需求，在防止仓单虚开、重复质押等方面需要切实管用的解决方案。建设大宗商品仓单登记中心，可以仓单生成为节点，前溯货物生产流通、入库管理，后续货物存管、转让、担保、出库管理，实现仓单全流程数字化管理，逐步提高大宗商品行业信用水平，提升仓单交易、融资业务效能。

（四）对外开放步伐明显加速

大连商品交易所持续加快构建境内境外连通的新发展格局。2018年5月，铁矿石期货引入境外交易者业务，成为我国首个已上市的国际化品种，国际主要矿山着手尝试使用大连商品交易所铁矿石期货价格进行贸易定价。2020—2021 年，棕榈油期货及期权通过“国际交易、本土交割”模式先后引入境外交易者业务，在国内已上市品种上率先实现了期货期权、场内场外和国内国际全覆盖。目前已有来自新加坡、英国、澳大利亚、印度等 26 个国家和地区的境外交易者参与铁矿石期货、棕榈油期货及期权交易，在大连商品交易所备案的境外中介机构逾 70 家。

2022 年，大连商品交易所期货市场对外开放的步伐明显加速，陆续推出黄大豆 1 号、黄大豆 2 号、豆粕、豆油期货及期权共 8 个期货、期权品种，对外开放特定品种数量从 3 个增至 11 个，来自 23 个国家和地区的境外交易者参与 11 个境内特定品种交易的日均持仓达 15. 49 万手，见图 3. 8。

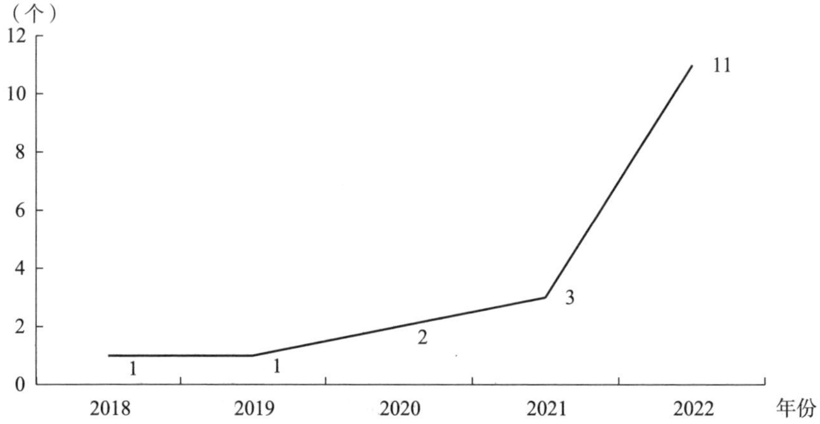

图 3. 8　2018—2022 年大连商品交易所对外开放特定品种数量

资料来源：大连商品交易所。

专栏 3. 5　豆系期货、期权实现全系对外开放

作为期货市场推动高水平制度型对外开放的重要举措，豆系期货、期权引入境外交易者业务，成为我国期货市场首个以特定品种方式实

现全系对外开放的品种板块。

随着我国成为全球最大的油脂油料市场，我国豆类期货市场也顺应南美大豆成为国际贸易主流品种的产业趋势，在产品设计、制度安排等方面更加适应大豆国际贸易格局变化，在全球风险管理体系中发挥着日益重要的作用。目前，在我国期货市场进行风险管理的大豆加工企业产量占全国的 90%，其中在华外资企业均是期货市场参与者。期货价格充分反映了我国市场的需求预期，成为大豆主产国出口定价的重要参考。大连商品交易所大豆系列期货和期权已经形成了较为完整的产业链产品工具体系，成交量和持仓量分别占大连商品交易所全部品种的 27.56%和 31.66%。实现对外开放后，全球油脂油料企业可以更好地利用两个市场两种资源规避采购成本和销售收入波动风险，锁定跨国经营收益，实现精耕细作。

对于我国而言，大豆是我国重要的粮食作物之一，通过丰富产业链品种并引入境外交易者，建立起与全面开放的现货市场相匹配的大豆期货市场，有助于加快建立期货现货统一协调的国内统一大市场，有助于更紧密地连通全球大豆生产、加工、贸易体系，充分发挥我国超大规模市场优势，通过“中国期货价格”，及时传递我国作为全球非转基因大豆主产区和转基因大豆主销区的行情趋势，增强全球大豆产业主体更主动地参考中国行情安排生产经营的内生动力，从而增强我国与国际大豆产业链供应链的黏性、韧性，更好地服务全球和我国粮油安全。

第四章 大连期货市场创新指数

一、编制“大连期货市场创新指数”的必要性

国际期货业发展的经验表明，期货业不仅是金融产业的重要组成部分，还具有强大的产业和区域带动能力。期货交易所形成的巨大的资金流、物流和信息流，能够有效带动银行、证券、保险等相关产业的快速发展，为区域性金融中心建设提供基础支撑。同时，商品期货品种的不断增加，期货业的发展壮大，将使大连成为大宗农产品、基础原材料以及能源等商品的重要集散地，能够有效提高仓储物流产业的专业化水平，促进航运配套服务业的发展，从而直接推动大连东北亚国际航运中心、国际物流中心的建设。

随着指数被越来越多地应用于经济、金融等多个领域，编制“大连期货市场创新指数”，并以指数形式反映大连期货市场及期货业发展作用和意义重大。一是综合全面地体现大连期货市场发展水平，为市场及时了解大连期货市场及期货业发展状态提供标尺性参考；二是从宏观层面综合反映大连期货市场功能发挥水平，为分析和评价期货市场提供新的视角；三是以可视化指数的形式传达期货在服务实体经济中取得的成果，提升各类主体对期货市场的关注和认可，便于应用和推广；四是了解大连期货业发展自身竞争力相对水平，便于找出发展短板与差距，为未来调整或制定改进措施提供依据及思路；五是为不同地区期货业发展水平的比较提供信息，使不同地区及时掌握本地期货业相对于其他地区期货业的地位；六是

通过大连期货市场指数的影响力，宣传、推介大连，增强“大连价格”在国际上的影响力。

此外，该指数还可作为衡量大连整体经济指标的重要组成部分，有利于提升大连期货市场在城市整体经济尤其是金融产业发展中的地位，进而成为推动大连区域金融中心建设和经济发展的重要抓手之一。

二、大连期货市场创新指数评价体系

（一）指标体系

大连期货市场创新指数包括 5 个一级指标，分别为大连期货市场的运行效率、品种创新、功能提升、开放水平、协调发展等。协调发展是指期货市场与金融中心建设、经济社会发展相协调，特别是与大连“两先区”“三个中心”建设相互促进。

在二级指标中，用成交量、成交额、日均持仓量 3 个指标评价运行效率情况；用商品期货期权品种数量 1 个指标评价品种创新情况；用大连商品交易所“农民收入保障计划”项目数、大连商品交易所“企业风险管理计划”项目数 2 个指标评价功能提升情况；用国际化品种数量 1 个指标评价开放水平；用地方生产总值、研发经费支出占 GDP 比重、集装箱吞吐量、港口货物吞吐量、中国金融中心指数 5 个指标评价协调发展情况，见表 4.1。

表 4.1　大连期货市场创新指数指标体系

一级指标	二级指标	单位
运行效率	成交量	亿手
	成交额	万亿元
	日均持仓量	万手
品种创新	商品期货期权品种数量	个
功能提升	大连商品交易所“农民收入保障计划”项目数	个
	大连商品交易所“企业风险管理计划”项目数	个

续表

一级指标	二级指标		单位
开放水平	国际化品种数量		个
协调发展	经济社会发展	地方生产总值	亿元
	产业结构优化	研发经费支出占 GDP 比重	%
	国际航运中心	集装箱吞吐量	万标箱
	国际物流中心	港口货物吞吐量	亿吨
	区域金融中心	中国金融中心指数	—

专栏 4.1　大连期货市场创新更加契合实体经济需求的服务方式

我国现阶段小微企业多、小农散户多、风险管理需求点多面广、短期内组建专业的期货团队存在困难，实体经济利用期货市场管理风险仍然面临诸多痛点问题。大连商品交易所创新推出“保险+期货”业务模式和“农民收入保障计划”，通过期货公司、保险公司把小而散的涉农风险管理需求集合、转移到期货大市场；通过“企业风险管理计划”创新模式，发挥龙头企业带动作用，支持中小微企业加强风险管理。

2023 年是中央一号文件连续将“保险+期货”写入报告的第八年，也是大连商品交易所通过“保险+期货”服务“三农”的第九年。“保险+期货”是把一家一户办不了、办起来不划算的事交给期货市场来办，把农产品价格变化的风险交给期货市场进行市场化管理，把中小农户与大市场有效衔接起来。在 2015 年，大连商品交易所在辽宁省锦州市义县落地国内第一单“保险+期货”项目试点，开启了期货市场深耕“保险+期货”模式服务“三农”的篇章。2018 年，大连商品交易所启动“农民收入保障计划”试点，从单一的“保险+期货”业务，拓展至“保险+期货”、场外期权、基差收购等多业务形式并用，引导期货公司、证券公司和银行广泛参与。截至 2022 年底，大连商品交易所已引导70家期货公司、12家保险公司、10家商业银行开展了962个"保险+期货"项目，惠及全国31个省（自治区、直辖市）的超170万农户。

针对产业企业特别是中小企业参与期货市场难题，大连商品交易所发起成立"企业风险管理计划"，推动各企业紧紧围绕生产经营的避险需求，针对采购、库存、销售等各环节风险敞口，结合自身经营特点、基差走势及波动率等，选择适合的套保策略和方案，并严格按照套保逻辑推进项目。经过多年探索创新，"企业风险管理计划"已成为大连商品交易所的重点品牌工作和服务实体经济的重要渠道和有效抓手，目前涵盖场内期权、场外期权和基差贸易等三大类衍生业务模式。特别是近年来，在大宗商品价格波动剧烈、产业避险需求迫切的背景下，大连商品交易所加大对实体企业、会员参与"大商所企风计划"的引导与支持力度，实现了量质双提升。从项目规模看，2022年"大商所企风计划"支持开展了343个项目，约是2021年项目总数的2.2倍，其中期货项目195个、场内期权项目64个、场外期权项目84个。

（二）原始数据

与"中国商品期货市场高质量发展指数"相一致，"大连期货市场创新指数"也以2018年为基年，评价近5年大连期货市场创新发展水平。2018年同样也是大连期货市场国际化"元年"，2018年5月大连商品交易所铁矿石期货引入境外交易者业务，成为我国首个已上市的国际化品种，其后大连期货市场国际化步伐明显加速，见表4.2。

表4.2 大连期货市场创新指数原始数据

序号	指标	2018年	2019年	2020年	2021年	2022年
1	成交量/亿手	9.82	13.56	22.07	23.64	22.75
2	成交额/万亿元	52.20	68.93	109.20	140.46	123.73

续表

序号	指标	2018年	2019年	2020年	2021年	2022年
3	日均持仓量/万手	589	728	968	1055	1217
4	商品期货期权品种数量/个	18	22	27	29	32
5	大连商品交易所“农民收入保障计划”项目数/个	—	71	146	238	362
6	大连商品交易所“企业风险管理计划”项目数/个	—	55	60	154	343
7	国际化品种数量/个	1	1	2	3	11
8	地方生产总值/亿元	6501	6990	7000	7826	8431
9	研发经费支出占GDP比重/%	2.17	2.85	2.80	2.95	3.10
10	集装箱吞吐量/万标箱	977	876	511	367	446
11	港口货物吞吐量/亿吨	4.7	3.7	3.3	3.2	3.1
12	中国金融中心指数	42.3	43.2	43.2	44.6	48.6

资料来源：大连商品交易所、中国期货业协会、《中国证券期货统计年鉴》等。

（三）评价方法

首先，对各个二级指标进行标准化处理。每个二级指标均以2018年为基期（=100），按照倍数关系将各个二级指标标准化。

其次，赋予各个二级指标相应权重。在本报告中，对各个一级指标平均赋权，即每个一级指标的权重均为20%。二级指标的权重根据指标数量平分一级指标权重，具体权重如表4.3所示。

表4.3 大连期货市场创新指数指标权重

一级指标	权重/%	二级指标	权重/%
运行效率	20	成交量	6.67
		成交额	6.67
		日均持仓量	6.67

续表

一级指标	权重/%	二级指标		权重/%
品种创新	20	商品期货期权品种数量		20
功能提升	20	大连商品交易所“农民收入保障计划”项目数		10
		大连商品交易所“企业风险管理计划”项目数		10
开放水平	20	国际化品种数量		20
协调发展	20	经济社会发展	地方生产总值	4
		产业结构优化	研发经费支出占 GDP 比重	4
		国际航运中心	集装箱吞吐量	4
		国际物流中心	港口货物吞吐量	4
		区域金融中心	中国金融中心指数	4
合计	100	—		100

再次，计算各个二级指标的指数得分。将二级指标的标准化值与该二级指标的权重相乘，得到该二级指标的指数得分。

最后，将全部二级指标的指数得分加总，得到大连期货市场创新指数综合指数。

此外，还可以按照特定领域分类加总，得到大连期货市场创新指数的各个分项指数，包括运行效率指数、品种创新指数、功能提升指数、开放水平指数、协调发展指数等 5 个分项指数。

（四）计算结果

上述评价方法的结果显示，以 2018 年为基期 100 计算，2022 年大连期货市场创新指数达到了 433.95，相对 2018 年累计增长了 333.95%。从具体构成来看，运行效率指数累计增长了 125.16%，品种创新指数累计增长了 77.78%，功能提升指数累计增长了 466.75%，开放水平指数累计增长了 1000%，协调发展指数累计增长了 0.05%，见表 4.4。

表 4.4　2018—2022 年大连期货市场创新指数

	2018 年	2019 年	2020 年	2021 年	2022 年	累计增长/%
综合指数	100.00	111.09	159.83	218.36	433.95	333.95
运行效率	20.00	26.26	39.89	45.94	45.03	125.16

续表

	2018 年	2019 年	2020 年	2021 年	2022 年	累计增长/%
品种创新	20.00	24.44	30.00	32.22	35.56	77.78
功能提升	20.00	20.00	31.47	61.52	113.35	466.75
开放水平	20.00	20.00	40.00	60.00	220.00	1000.00
协调发展	20.00	20.39	18.47	18.676	20.010	0.05

三、大连期货市场创新指数评价结果

（一）大连期货市场总体创新发展水平实现“质的飞跃”

大连期货市场创新指数呈持续上升态势，而且总体趋势上“前低后高”，这代表大连期货市场创新指数上升的速度在明显加快。2018—2022年5年大连期货市场创新指数分别为100.00、111.09、159.83、218.36、433.95。其中，运行效率、品种创新、功能提升、开放水平4个分项指数均出现显著上涨，其中开放水平指数增幅最大，达到1000%，功能提升指数增幅也达到了466.75%。而协调发展指数只略微上升了0.05%，对大连期货市场创新指数上升几乎没有贡献，见图4.1。

（二）“开放”“服务”成为大连期货市场创新发展核心动力

大连期货市场创新指数五大评价维度中，开放水平指数、功能提升指数增速最快，增幅分别达到1000%、466.75%，构成大连期货市场创新指数持续上升的主要支撑。具体来说，从2018年到2022年①，大连期货市场对外开放特定品种从1个增加到11个，特别是2022年豆系期货期权实现全系对外开放，作为期货市场推动高水平制度型对外开放的重要举措，豆系期货、期权引入境外交易者，成为我国期货市场首个以特定品种方式实现全系对外开放的品种板块，大连商品交易所“农民收入保障计划”“企业风险管理计划”项目数分别从71个和55个增加至362个和343个，

① 大商所“农民收入保障计划”“企业风险管理计划”实际数据起始于2019年。

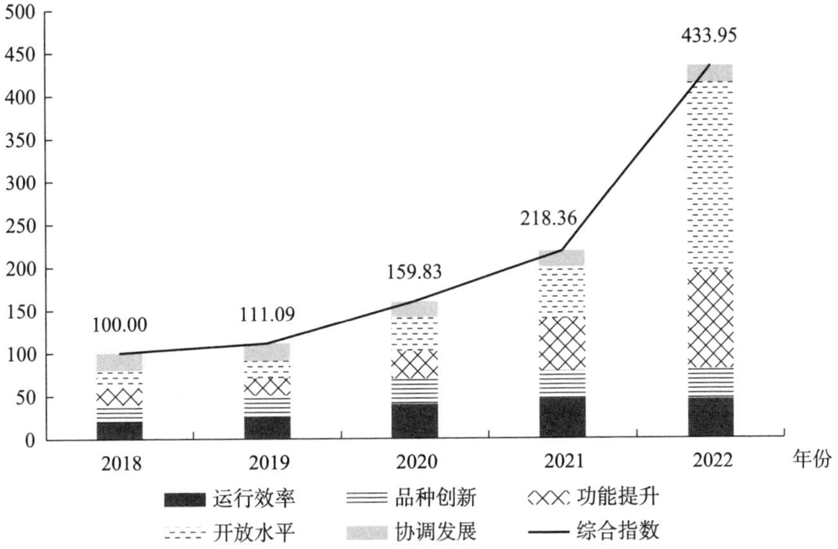

图 4.1　2018—2022 年大连期货市场创新指数

大连期货市场服务实体经济，特别是服务小微企业、广大农户的能力得到显著提高。

（三）大连期货市场品种丰富度与交易活跃度同步提升

在大连期货市场创新指数中，品种创新指数和运行效率指数分别上涨了 77.78%和 125.16%，上升幅度显著。具体来说，从 2018 年到 2022 年，大连期货市场商品期货期权品种从 18 个增加到 32 个，每年都有新增商品期货期权品种，平均每年新增 3.5 个，2022 年黄大豆 1 号、黄大豆 2 号和豆油期权在大连商品交易所挂牌上市实现了豆类产业链的期货和期权工具全覆盖。在加快品种创新的同时，大连期货市场的交易活跃度和市场参与水平也在提升，从 2018 年到 2022 年，成交量从 9.82 亿手上升至 22.75 亿手，累计上涨了 132%；成交额从 52.2 万亿元上升至 123.73 万亿元，累计上涨了 137%；客户日均持仓量从 589 万手上升至 1217 万手，累计上涨了 107%。

（四）大连期货市场辐射带动本地金融经济发展的能力有待提升

从大连期货市场创新指数5个评价维度来看，只有协调发展指数几乎没有上涨，2018—2022年5年协调发展指数分别为20.00、20.39、18.47、18.68、20.01，这说明大连期货市场对本地金融经济发展的辐射带动能力还有待进一步提升。

下面以大连期货市场与区域金融中心建设协调为例说明。从2018年到2022年，大连在“中国金融中心指数”中的得分从42.3分上升到48.6分，上升了约15%。从“中国金融中心指数”的4个评价维度来看，只有“金融市场规模”指数大幅增长，为127%，而金融产业绩效、金融机构实力、金融生态环境变化则不太明显，见图4.2。

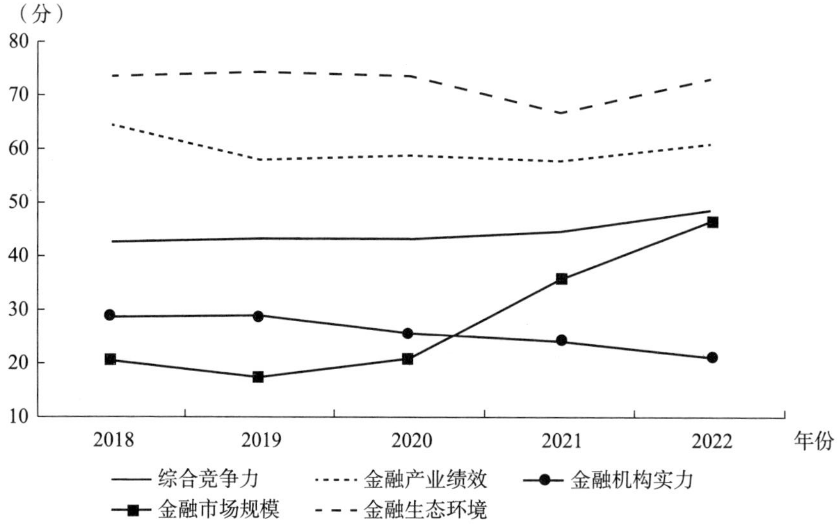

图4.2　2018—2022年大连在“中国金融中心指数”中的得分

资料来源：综合开发研究院“中国金融中心指数”系列报告。

Ⅱ 趋势篇

第五章 全球商品期货市场发展趋势

一、风险因素推动全球商品期货市场成交量高位运行

近年来，国际经济形势日趋复杂，贸易保护主义抬头，“黑天鹅”事件层出不穷，国际经济发展面临较大的不确定性，实体经济与金融机构对风险管理的需求不断增加，极大带动了商品期货市场的发展。

2020年以来，多个风险因素推动全球商品期货市场交易规模出现“爆发式”增长并维持高位运行。一是疫情扰动和俄乌冲突已严重影响能源、稀缺矿产、初级农产品等重要大宗商品的国际供应链稳定，大宗商品价格出现大幅震荡，全球主要经济体关于大宗商品库存短缺的问题加速暴露，各国加快大宗商品储备竞赛。二是全球政治博弈加剧也在进一步损害国际大宗商品的供应链，各国对大宗商品保供稳价前景不确定性的担忧显著增加，特别是在一些战略性新兴产业、高端装备制造业等关系国家安全的重要行业建设中，钴、镍、稀土等关键金属矿产资源都是不可或缺的核心原材料，其储备稳定性将直接关系到各国在未来战略性产业竞争格局中的可持续性和安全性。三是逆全球化冲击可能带来的“断链”与“脱钩”风险，全球产业链、供应链正在趋于重构，美欧等发达经济体通过加强基础性生产资源储备来试图重振本国制造业，促进制造业回流，中国、印度等新兴经济体加快扩充镍、钴、稀土等关键性资源储备，加速向战略性新兴产业布局，保证在智能制造、高端装备制造等新兴制造业中的独立生产能力。

在世界变局向纵深演进的背景和形势下，全球大宗商品市场走向“牵一发而动全身”局势，利用商品衍生品工具管理风险的重要性与日俱增。根据美国期货业协会发布的交易数据，2022 年商品类期货和期权总成交量为 91.53 亿手，同比下降 13.60%，也低于 2020 年的 95.86 亿手，但仍处于近年来的高位，远高于 2019 年的 72.21 亿手和 2018 年的 60.29 亿手。商品类衍生品以期货为主，商品期货成交 83.95 亿手，占比 91.72%，商品期权成交 7.58 亿手，占比 8.28%，见图 5.1 和表 5.1。

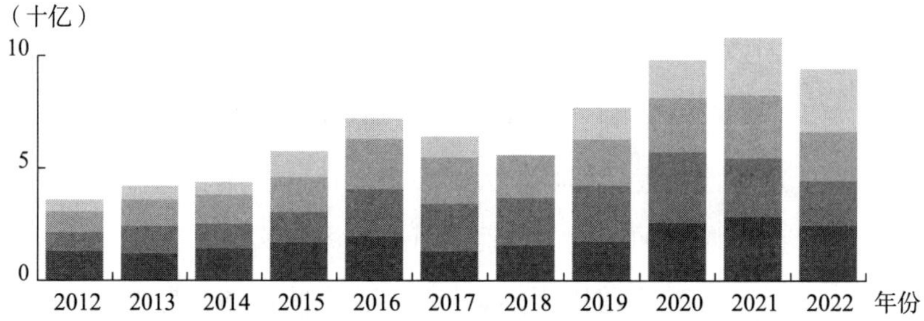

图 5.1　2012—2022 年全球场内商品衍生品交易量

资料来源：美国期货业协会。

表 5.1　2022 年全球场内商品衍生品成交量

	2022 年成交量/亿手	2021 年成交量/亿手	同比增加/%	占场内商品衍生品份额/%
商品期货	83.95	100.98	-16.86	91.72
商品期权	7.58	4.95	53.13	8.28
合计	91.53	105.93	-13.60	100

资料来源：美国期货业协会。

从交易品种分布来看，农产品、能源、非贵金属、贵金属类商品衍生品成交量均下降，只有其他类商品衍生品（基于商品指数、信用、运费、住房、通胀以及天气等开发的衍生品）成交量增加了 9.4%。其他类商品衍生品成交量占比从 21.6%增加到 27.3%，见表 5.2。

表 5.2　2022 年全球场内商品衍生品成交量

	2022 年成交量/亿手	2021 年成交量/亿手	同比增加/%	占场内商品衍生品份额/%
农产品	23.94	28.19	-15.07	26.2
能源	20.67	27.27	-24.20	22.6
非贵金属	16.3	20.05	-18.69	17.8
贵金属	5.64	7.59	-25.78	6.2
其他	24.98	22.83	9.40	27.3
合计	91.53	105.93	-13.60	100

资料来源：美国期货业协会。

二、中美英印俄五国交易量继续保持全球领先

从区域分布来看，2022 年全球场内商品衍生品交易量前 5 位依次为中国、美国、英国、印度和俄罗斯，总市场份额为 97.19%。与 2021 年相比，排在前 5 的国家没有变化，只是俄罗斯和印度名次发生交换。中国继续排名全球首位，占全球市场份额为 72.29%；美国排名第 2 位，占全球市场份额为 14.15%，不到中国 1/5；英国排名第 3 位，占全球市场份额为 6.54%，不到中国的 1/10。自 2009 年至今，中国始终是全球最大的场内商品衍生品市场，见表 5.3。

表 5.3　全球场内商品衍生品成交量国家排名

排名	国家	2022 年成交量/亿手	同比增加/%	占全球市场份额/%
1	中国	66.16	-10.50	72.29
2	美国	12.95	-1.70	14.15
3	英国	5.99	-15.31	6.54
4	印度	2.25	19.01	2.45
5	俄罗斯	1.61	-77.60	1.76

资料来源：美国期货业协会。

从交易所分布来看，2022 年我国三大交易所郑州商品交易所、大连商

品交易所和上海期货交易所的成交量排名依次分列前 3 位，与 2021 年相比，郑州商品交易所保持排名第 1，大连商品交易所排名上升 1 名，上海期货交易所下降 1 名。美国两大期货交易所芝加哥商业交易所（CME）、洲际交易所（ICE）仍然分别排名第 4 位、第 5 位。由于莫斯科交易所交易量下跌，和印度大宗商品交易所发生名次交换，印度大宗商品交易所排名第 6 位，莫斯科交易所排名第 7 位。中国香港交易所集团、伊斯坦布尔交易所、新加坡交易所仍依次排名第 8 至第 10 位，伊斯坦布尔交易所交易量大幅下跌 47. 59%，而新加坡交易所交易量上涨 29. 87%，见表 5. 4。

表 5. 4　按交易量全球十大商品衍生品交易所

2022 年排名	2021 年排名	交易所	成交量/亿手	同比增加/%
1	1	郑州商品交易所	23. 98	-7. 15
2	3	大连商品交易所	22. 75	-3. 77
3	2	上海期货交易所	19. 43	-20. 54
4	4	芝加哥商业交易所集团	9. 65	-6. 74
5	5	洲际交易所	8. 39	-1. 00
6	7	印度大宗商品交易所	2. 18	23. 86
7	6	莫斯科交易所	1. 61	-77. 60
8	8	香港交易所集团	1. 35	-7. 30
9	9	伊斯坦布尔交易所	0. 70	-47. 59
10	10	新加坡交易所	0. 36	29. 87

资料来源：美国期货业协会。

从金属类场内衍生品成交量排名来看，2022 年成交手数排名全球前 3 位的金属类场内衍生品合约分别为上海期货交易所的螺纹钢、大连商品交易所的铁矿石和上海期货交易所的白银期货。此外，上海期货交易所的热轧卷板、铝、锌、镍、铜、黄金、不锈钢和锡期货，大连商品交易所的铁矿石期权，以及郑州商品交易所的硅铁和锰硅期货成交手数也位列全球金属类场内衍生品前 20 位，见表 5. 5。

表 5.5　全球金属类场内衍生品合约 2022 年成交量排名情况

2022 年排名	2021 年排名	合约	交易所	成交量/百万手	同比增加/%
1	1	螺纹钢期货	上海期货交易所	525.18	−19.94
2	4	铁矿石期货	大连商品交易所	221.12	26.78
3	2	白银期货	上海期货交易所	188.77	−18.44
4	3	热轧卷板期货	上海期货交易所	142.06	−35.64
5	6	铝期货	上海期货交易所	99.98	−23.95
6	7	硅铁期货	郑州商品交易所	68.90	−27.66
7	10	锌期货	上海期货交易所	68.33	−1.46
8	13	黄金期货	芝加哥商业交易所集团	54.26	−7.19
9	16	微型白银期货	印度大宗商品交易所	52.63	11.14
10	5	镍期货	上海期货交易所	52.09	−69.74
11	14	铝期货	香港交易所集团旗下 LME	52.05	−9.75
12	12	铜期货	上海期货交易所	46.50	−27.47
13	9	锰硅期货	郑州商品交易所	44.14	−45.16
14	27	铁矿石期权	大连商品交易所	41.71	130.72
15	17	黄金期货	上海期货交易所	39.02	−14.08
16	8	黄金期货	伊斯坦布尔交易所	39.01	−58.31
17	18	不锈钢期货	上海期货交易所	36.10	−10.79
18	20	锡期货	上海期货交易所	29.71	9.98
19	19	A 级铜期货	香港交易所集团旗下 LME	29.38	−1.06
20	26	铁矿石期货	新加坡交易所	25.08	37.91

资料来源：美国期货业协会。

从农产品类场内衍生品成交量排名来看，2022 年成交手数排名全球前 3 位的农产品类场内衍生品合约分别为大连商品交易所的豆粕、棕榈油和豆油期货。此外，大连商品交易所玉米期货、豆粕期权、玉米淀粉期货、黄大豆 1 号期货、玉米期权，上海期货交易所的纸浆、天然橡胶期货，以及郑州商品交易所的菜籽粕、一号棉、菜籽油、白糖、苹果和花生期货成交手数也位列全球农产品类场内衍生品前 20 名，见表 5.6。

表 5.6　全球农产品类场内衍生品合约 2022 年成交量排名情况

2022 年排名	2021 年排名	合约	交易所	成交量/百万手	同比增加/%
1	1	豆粕期货	大连商品交易所	325.09	-9.79
2	4	棕榈油期货	大连商品交易所	241.58	6.61
3	3	豆油期货	大连商品交易所	183.51	-20.00
4	2	菜籽粕期货	郑州商品交易所	144.88	-46.13
5	5	玉米期货	大连商品交易所	134.36	-29.02
6	9	一号棉期货	郑州商品交易所	128.30	13.02
7	10	菜籽油期货	郑州商品交易所	94.45	-16.24
8	8	白糖期货	郑州商品交易所	91.36	-21.55
9	7	纸浆期货	上海期货交易所	81.16	-31.93
10	6	天然橡胶期货	上海期货交易所	79.64	-34.51
11	12	玉米期货	芝加哥商业交易所集团	77.88	-10.38
12	17	豆粕期权	大连商品交易所	53.41	40.57
13	15	大豆期货	芝加哥商业交易所集团	51.72	-3.01
14	11	苹果期货	郑州商品交易所	47.54	-54.94
15	14	玉米淀粉期货	大连商品交易所	46.20	-18.41
16	16	黄大豆 1 号期货	大连商品交易所	34.86	-29.66
17	20	11 号白糖期货	洲际交易所	32.75	5.64
18	27	花生期货	郑州商品交易所	31.62	87.67
19	24	玉米期权	大连商品交易所	30.43	47.71
20	18	豆油期货	芝加哥商业交易所集团	30.05	-8.03

资料来源：美国期货业协会。

从能源类场内衍生品成交量排名来看，2022 年，成交手数排名全球前 3 位的能源类场内衍生品合约分别为洲际交易所的 Brent 原油期货、上海期货交易所的燃料油期货和芝加哥商业交易所集团旗下 NYMEX 的 WTI 原油期货。上海期货交易所的石油沥青、原油和低硫燃料油期货，以及大连商品交易所的液化石油气期货成交手数也位列全球能源类场内衍生品前 20

位，见表5.7。

表5.7　全球能源类场内衍生品合约2022年成交量排名情况

2022年排名	2021年排名	合约	交易所	成交量/百万手	同比增加/%
1	4	Brent原油期货	洲际交易所	235.37	-3.40
2	2	燃料油期货	上海期货交易所	210.46	-24.02
3	3	WTI原油期货	芝加哥商业交易所集团	206.00	-17.04
4	5	石油沥青期货	上海期货交易所	162.58	15.74
5	6	北美天然气期货	洲际交易所	153.33	16.08
6	1	Brent原油期货	莫斯科交易所	88.53	-84.73
7	7	亨利港天然气期货	芝加哥商业交易所集团	85.88	-12.00
8	29	原油期权	印度大宗商品交易所	68.52	333.72
9	9	汽油期货	洲际交易所	61.74	-25.36
10	14	原油期货	上海期货交易所	53.58	25.64
11	12	WTI原油期货	洲际交易所	46.11	-10.84
12	18	液化石油气期货	大连商品交易所	44.49	26.90
13	13	RBOB汽油期货	芝加哥商业交易所集团	41.04	-14.21
14	27	低硫燃料油期货	上海期货交易所	40.84	119.64
15	16	取暖油期货	芝加哥商业交易所集团	39.67	2.47
16	32	荷兰TTF天然气期货	洲际交易所	39.31	-5.52
17	28	亨利港天然气期货	莫斯科交易所	34.02	114.28
18	21	Brent原油期权	洲际交易所	31.48	8.49
19	31	WTI微型原油期货	芝加哥商业交易所集团	30.08	259.45
20	20	原油期权	芝加哥商业交易所集团	28.93	-3.58

资料来源：美国期货业协会。

三、品种创新支持全球期货市场快速发展

品种创新是期货市场核心竞争力的体现，也是其高质量发展的标志。近年来，国际期货市场交易规模持续增长，期货品种创新稳步推进，期货新品种不断推出，合约设计更为多样。以农产品、能源、金属等大宗商品为标的的商品衍生品也被称为“传统类”商品合约，以商品指数、信用、运费、住房、通胀以及天气、碳排放权等为标的的商品衍生品也被称为“创新类”商品合约。

美国期货业协会的数据显示，尽管农产品、能源、贵金属等大宗商品衍生品交易仍然是主流，但是创新类合约的商品期货市场增长更快，规模迅速扩大，在商品期货期权市场交易量中所占的比重从 2012 年 10%左右增加到 2022 年的 27. 3%，并且首次超过农产品类成为第一大类交易品种，见表 5. 8。

表 5. 8　2022 年全球场内商品衍生品成交量

	2022 年成交量/亿手	2021 年成交量/亿手	同比增加/%	占场内商品衍生品份额/%
农产品	23. 94	28. 19	−15. 07	26. 2
能源	20. 67	27. 27	−24. 20	22. 6
贵金属	21. 94	27. 64	−20. 62	24. 0
其他	24. 98	22. 83	9. 40	27. 3
合计	91. 53	105. 93	−13. 60	100

资料来源：美国期货业协会。

从近年情况看，商品期货市场合约标的创新层出不穷，各类价格指数、碳排放权、海运协议等标的持续创新，房产所有权、比特币、碳排放权等新标的又接踵而至，创新类商品合约产品丰富多元化特征显著，交易更加活跃。如芝加哥商品交易所于 2017 年 12 月推出了比特币衍生品合约产品，洲际交易所实物交割的 Bakkt 比特币（美元）期货成交量屡创新高；芝加哥商品交易所推出首个水指数期货，标的为纳斯达克韦莱斯加利福尼

亚水指数（NQH2O），作为一种创新工具，水期货将为农业、商业和市政用水用户提供更好的价格发现和风险转移功能；洲际交易所在地球日推出了旨在跟踪和定价全球碳价格的碳期货指数，由全球3个交易最活跃的碳市场的价格计算得出：欧盟排放交易计划、加州总量管制和交易计划及区域温室气体倡议（RGGI）。

专栏5.1　碳金融衍生品创新发展案例

（一）“碳中和”成为不可阻挡的全球大势

气候变化是攸关人类社会未来可持续发展的全球性问题，当前主要大国及地区均已提出并践行“碳中和”目标。“碳中和”是指通过新能源开发利用、节能减排、碳捕捉以及植树造林等形式，抵消人类生产生活行为中产生的二氧化碳或温室气体排放量，实现正负值归零，达到相对“零排放”的过程。

目前，主要大国及地区都已提出“碳中和”目标。据不完全统计，截至2020年底，全球共有44个国家及地区正式宣布“碳中和”目标，包括已实现目标、已写入政策文件、提出或完成立法程序的国家和地区。其中，英国2019年6月新修订《气候变化法案》生效，成为第一个通过立法形式明确2050年实现温室气体净零排放的发达国家。美国特朗普政府退出《巴黎协定》，但总统拜登上任第一天便重返《巴黎协定》，并计划设定2050年之前实现“碳中和”的目标。2020年9月，中国国家主席习近平在第75届联合国大会上提出，中国二氧化碳排放力争于2030年前达到峰值，努力争取2060年前实现“碳中和”。

（二）全球加快上线碳排放交易体系

碳排放交易是温室气体排放权交易的统称，在《京都协议书》要求减排的6种温室气体中，二氧化碳为最大宗，故以每吨二氧化碳当量为计算单位。在排放总量控制的前提下，包括二氧化碳在内的温室气体排放权成为可供买卖的稀缺资源，从而形成二氧化碳排放交易市场。碳排放交易通常由政府通过对能耗企业的控制排放而人为制造，其中政府确定碳排放总额，并根据一定规则将碳排放配额分配至企业，如果企业排放高于配额，需到市场上购买配额，或通过采用节能减排技术，减少碳排放量。

碳排放权交易作为一种运用市场手段限制温室气体排放的政策工具，被越来越多的国家和地区所采纳。根据国际碳行动伙伴组织（ICAP）报告，截至2022年12月31日，全球共34个碳排放权交易体系投入运行，这些碳排放权交易体系的司法管辖区温室气体排放量、GDP、人口分别占全球总量的17%、55%和1/3。

（三）碳排放交易带来碳金融衍生品创新发展机遇

由于碳排放权具有同质性显著、易于交付、参与者众多、价格波动频繁等特性，与一般商品交易相比存在更大政策性和技术性风险，存在使用衍生品工具实现“规避风险”和“价格发现”的需求。

首先，控排企业可利用碳金融衍生品交易进行套期保值，可提前锁定减排成本，合理安排生产计划，有利于形成引导市场预期的合理碳价格，增加市场透明度并提高资源配置效率。其次，期货交易与现货交易不同，以保证金为基础，资金占用大幅减少，很大程度上会提升非履约期交易动机和交易次数，有助于平抑价格波动并降低市场风险。最后，碳期货价格透明度高、公允性强，可充分反映碳排放权的资产价值，为金融机构参与碳排放市场交易、开发更为丰富的碳金融衍生品及涉碳金融服务创造条件。

目前，各类基于碳排放交易的金融衍生品不断增多。国际上主要的碳期货产品有欧洲气候交易所碳金融合约（ECX CFI）、排放指标期货（EUA Futures）和核证减排量期货（CER Futures），交易场所有欧洲气候交易所（ECX）、芝加哥气候期货交易所（CCFE）等。

以欧盟碳市场（EU-ETS）为例，早在2005年4月就推出与碳排放配额（EUA）挂钩的碳期货产品，到EU-ETS第二阶段，碳期货交易量占全部EUA交易的比重超85%，而场内交易中其交易量更是达到总交易量的91.2%。在美国RGGI碳交易体系中，RGGI的现货交易于2009年1月启动，而芝加哥气候期货交易所在2008年8月便已开始RGGI期货交易，期货先于现货推出，不仅为控排企业和参与碳交易的金融机构提供了风险控制的工具，降低了碳市场设立之初的冲击，更重要的是期货的价格发现功能为碳现货初次定价提供了依据，见专栏表5.1。

专栏表5.1　全球主要碳排放交易所及碳金融工具

地区	名称	碳金融工具
欧洲	欧洲气候交易所（ECX）	EUA、ERU和CER类期货产品、期权产品，EUA和CER类现货产品、期货期权产品
	欧洲能源交易所（EEX）	电力现货，电力、EUAs
	北欧电力库（NP）	电力、EUA和CER类现货、期货、远期和期权产品
	BlueNext交易所	EUA、CER、ERU类现货产品，EUA和CER类期货产品
	Climex交易所	EUAs、CERs、VERs、ERUs和AAUs
美洲	绿色交易所（Green Exchange）	EUA类现货、期货和期权产品，CER类期货和期权产品，RGGI、加州碳排放配额和气候储备行动（CAR）的期货和期权合约
	芝加哥气候交易所（CCX）	北美及巴西的六种温室气体的补偿项目信用交易（已停止交易）
	芝加哥气候期货交易所（CCFE）	CER类期货和期权，CFI期货，欧洲CFI期货，ECO指数期货，RGGI期货和期权
	蒙特利尔气候交易所（MCeX）	加拿大减排单位MCX期货合约
	巴西期货交易所（BM&F）	多个CERs的拍卖

续表

地区	名称	碳金融工具
大洋洲	澳大利亚气候交易所（ACX）	CERs、VERs、RECs
	澳大利亚证券交易所（ASX）	RECs
	澳大利亚金融和能源交易所（FEX）	环境等交易产品的场外交易（OTC 服务）
亚洲	新加坡贸易交易所（SMX）	碳信用期货以及期权
	新加坡亚洲碳交易所（ACX - change）	远期合约或已签发的 CERs 或 VERs 的拍卖
	印度多种商品交易所有限公司（MCX）	两款碳信用产品合约——CERs 和 CFIs
	印度国家商品及衍生品交易所有限公司（NCDEX）	CERs

四、场内场外市场加快一体化融合发展

2008 年全球金融危机爆发后，场外衍生品监管问题也爆发出来，金融监管机构对场外市场监管严重缺失，场外衍生品市场交易在双边达成后由双方自行清算，交易风险敞口和交易对手方信用风险不透明，加之场外衍生品大都具有全球属性，大量涉及跨境交易，潜藏巨大系统性金融风险。针对此问题，各国监管机构大幅提高了对场外衍生品监管要求，以国际互换与衍生品协会（ISDA）为代表的行业自律组织发布了一系列衍生品交易定义文件，推动了场外衍生品合约标准化。

各国在交易清算、信息披露等方面对场外衍生品监管要求向场内市场趋同，推动场外衍生品市场电子化、标准化和集中化发展。以欧美为代表的各国监管机构加强了衍生品领域的相关立法，在原有法律构建的监管框架之上建立起新的监管机制，为衍生品市场监管提供法律保障，如美国《多德—弗兰克法案》、欧盟《欧洲市场基础设施监管规则》、英国《金融

监管新方案》等。相关法案在强调防范系统性风险的同时，提高了投资者保护的标准。各国监管机构尤其加强了对场外衍生品市场的监管，旨在提升场外市场透明度。措施包括要求场外衍生品进行集中清算、对非集中清算的场外衍生品的保证金提出要求以及场外衍生品相关数据报送等。在政策的推动下，场外衍生品市场呈现出场内化、标准化发展的新趋势。

根据国际清算银行（BIS）公布的半年度场外衍生产品统计数据，场内衍生品始终保持较快增长的同时，全球场外衍生品合计名义金额及总市值于2004年之后急速上升，至2008年6月达到顶峰，在2008年全球金融危机之后的数年间大幅回落，目前仍处于低位运行，见图5.2。

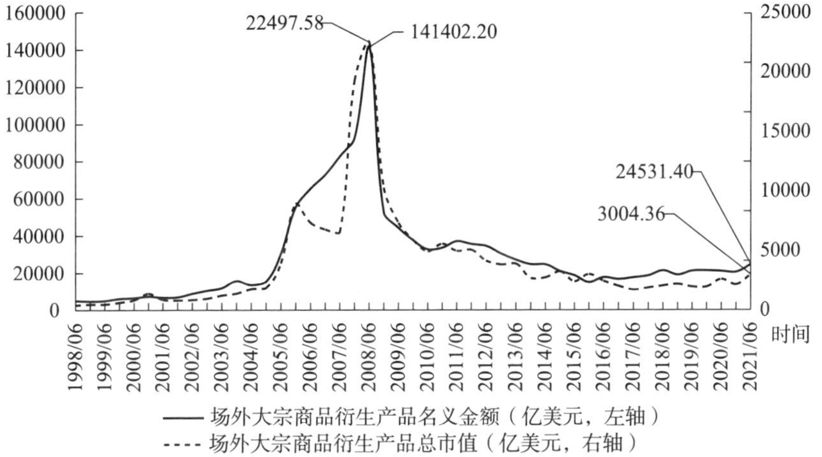

图5.2　全球场外大宗商品衍生产品名义金额及总市值

资料来源：国际清算银行（BIS）。

一方面，场外衍生品市场交易清算机制“场内化”。在传统意义上，场内场外衍生品市场在交易清算机制上存在显著差异，场内衍生品市场一般采用集中结算制，而场外衍生品市场一般采用交易对手之间的约定结算制。2008年全球金融危机爆发后，在各国监管机构要求之下，场外衍生品市场更多使用电子化交易系统，或直接依托场内衍生品市场进行交易甚至清算，如伦敦清算所为伦敦国际期货交易所OTC市场提供结算服务、巴西交易所为 OTC 市场提供中央结算服务等。另外，也有部分场外业务参照场内市场运行机制，构建以“中央净额结算”为核心的集中结算制度，即由市场参与者共同组建中央结算所，充当所有交易的中央对手方，保证每笔交易都能进行结算；当部分市场参与者违约、无法进行结算，导致其他市场参与者出现损失时，由中央结算所完成交易并承担损失。

另一方面，场外衍生品市场信息披露监管“场内化”。除了交易结算机制，场内场外衍生品市场在信息披露制度上也存在显著差异，场内衍生品市场受到监管机构监管，以实时、规范、严格的信息披露制度为主，而场外衍生品市场原本不受监管机构直接监管，以对做市商间接信息披露为主。2008 年全球金融危机爆发后，针对场外衍生品市场信息披露较少、交易不透明的问题，各国监管机构都出台了相关监管要求，对场外衍生品业务信息披露做出明确规定。例如，美国《多德—弗兰克法案》首先要求所有得到清算的合约都进行报告，由清算机构或交易所定期发布；其次要求美国商品期货交易委员会（CFTC）对衍生品交易价格进行数据收集和公开披露，对衍生品参与者提出更严格资本和保证金要求。

此外，场内衍生品市场主动拓展场外业务。场内衍生品市场主体为期货交易所，主要交易期货、期权等流动性强且结构简单的标准化合约，产品容易进行正确估值且具有规范的市场监管，是连接现货市场、对冲者和投机者的基础性平台，但由于品种有限且期限固定，无法充分满足市场对冲风险需要。为此，全球已有多家交易所利用自身优势和市场特点，大力发展与场内业务相配套的场外业务，通过场内场外衍生品市场业务联动效应，满足投资者多样化风险管理及资产配置需要，如伦敦金属交易所（LME）深入现货产业链，打造覆盖全球的交割网络和仓单流转平台；芝加哥商业交易所提供统一的结算与风险管理，形成统一高效的场内场外衍生品交易平台。

专栏5.2 《多德—弗兰克法案》强化场外衍生品交易场内化

2008年金融衍生品风险失控引致全球金融危机，美国为强化对金融市场监管颁布《多德—弗兰克法案》。该法案出台之前，美国实行以美联储为中心的伞形监管模式，即以联邦政府和州政府为依托、以中央银行为核心、以各专业金融监管机构为主体，面临着分业监管与混业经营模式背离、场外复杂的衍生品和对冲基金游离在联邦监管之外的问题。

一是确定场外衍生品强制清算制度。《多德—弗兰克法案》通过修改《商品交易法》确定场外衍生品强制清算制度，即部分场外衍生品合约必须通过受监管的中央对手系统（CCPs）进行集中清算，使对交易双方利益保护较好的中央结算体系扩大至场外交易平台。

二是取消贵金属和外汇场外交易。《多德—弗兰克法案》禁止美国公民进行所有贵金属（包括黄金、白银）的柜台交易，取消贵金属柜台交易的合法性。在监管要求下，美国外汇交易网关闭了相关产品的柜台交易，将其纳入包括纽约商品交易所在内的场内交易市场。

三是分阶段推进场外交易场内化。《多德—弗兰克法案》针对不同金融产品从三个层次推进场外交易场内化发展：第一阶段，借鉴场内交易规则和机制，规避场外交易高风险，提高交易透明度；第二阶段，共享场内交易平台和交易机制，提高交易效率；第三阶段，场外交易完全场内化，即禁止某些产品场外交易，直接置于场内进行交易。

五、国际投资机构成为商品期货市场重要参与者

伴随经济全球化与区域一体化不断发展，国际金融、贸易竞争日趋激烈，原先禁止或抑制大宗商品投资的国家相继放宽监管尺度，国际期货市场日益成为畅通开放的共同交易场所，大宗商品作为新兴资产类别的金融

化属性更加突出，更多机构投资者从传统股票和债市分流资金，提高大宗商品及衍生品投资配置比例。

一方面，机构投资者参与程度日益加深。机构投资者通常具有雄厚的资金实力、较强的风险承受力和较高的专业水平，能够有效抑制期货市场价格剧烈和非理性波动，是全球大宗商品及衍生品市场稳定运行的重要力量。机构投资者主要包括金融机构（如国际投行、保险公司、证券公司）、基金公司（如养老基金、商品投资基金、对冲基金、指数基金）、企业（如航空公司、能源化工企业、重工业企业、生产制造企业、农副产品加工企业）等。近年来，全球货币宽松大潮连番袭来，受大宗商品投资相对稳定回报率吸引，进入大宗商品及衍生品市场的各类机构投资者越来越多，资产配置比重越来越高，参与程度甚至超过生产加工商、流通贸易商。在美国、日本、英国等成熟市场中，各类机构投资者早已占据市场主要地位，交易量、持仓量占比一般达到70%~90%。

另一方面，各国期货市场对外开放进程加快。期货市场作为高度标准化市场，经历2008年全球金融危机洗礼后，在监管体制、配套立法、组织结构、运行机制、交易功能、合约行为、信息交换等方面逐渐形成一套国际公认标准，原先禁止或抑制商品投资的国家也不断放宽监管尺度，逐步开放境外投资者限制，同时允许境内期货公司开展国际业务，如2017年印度证券交易委员会（SEBI）宣布，印度商品交易所（ICEX）将逐步引入外国投资基金、资产组合管理服务机构、共同基金、银行和保险公司等境外机构投资者。24小时不间断电子交易模式的大力推广，实现了价格的连续性以及价格对全球市场的及时反映，极大推动了各国期货行业国际化程度不断提升。比如，美国期货交易所注册外国会员占比25%以上；英国伦敦金属交易所（LME）外国会员占比70%以上；中国香港期货交易中海外投资者占比在25%左右；新加坡国际金融期货交易所会员绝大多数来自国外。

六、金融科技助力全球期货市场加快转型升级

世界交易所联合会（WFE）将金融科技在资本市场的应用场景定义为5个方面：一是资本获取，为投融资双方提供新的对接方式、创新产品等，如私募发行平台；二是交易执行，主要目的是提高交易效率，如加密货币交易；三是交易后服务，如清算、监控和分析软件等，以提高交易结算机构的运营便捷性和安全性；四是数据分析和信息服务，如实时市场数据分析平台；五是运营与技术服务，如面向数字资产发行的开源技术。

从历史角度看，国际期货期权市场的几次大规模发展与技术突破密不可分，技术创新是促进期货期权市场良性发展的重要支撑，国际期货期权市场发展伴随技术进步而不断演化。20世纪中叶，第一台电子计算机的问世，将期货期权市场带入IT时代，电子交易逐步被引入期货期权市场，成为市场发展的主流。20世纪90年代，互联网的兴起推动了期货交易所搭建电子交易平台，如GLOBEX、ACCESS、FutureCom等，充分利用互联网或移动终端汇集用户和进行交易，实现了又一次行业革命。

在金融科技蓬勃兴起的当下，以大数据、区块链、物联网为代表的新兴技术向传统金融不断渗透融合，在交易执行、清算结算、产品设计等领域形成实体化应用场景，深刻重塑包括期货业在内的整个金融市场生态及价值链条，“无科技不金融”不仅成为行业共识，更是可见的发展趋势。近年来，全球交易所加快利用金融科技提升交易效率。德意志交易所Market Data+Services为全球金融市场参与者提供来自该集团Xetra和Eurex交易平台的专有市场数据，以及来自该交易所合作伙伴的数据。澳大利亚国家证券交易所（NSXA）推出基于区块链的结算系统，开发出一个基于分布式账本技术（DLT）的平台，并提供“跨多个交易所的股票交易的多币种、实时和当日清算”。

金融科技让期货行业的数字化和智能化水平获得显著提升，业务模式也发生深刻变革，业务线上化、自动化日益成为主流。对期货交易所来

说，金融科技进一步强化了交易所的平台优势和业务处理效率，让市场的价格发现机制更好地发挥作用、风控水平大幅提高，相关交易所也正在从交易撮合的单一功能向生态建设大步迈进。

专栏 5.3　大连商品交易所上线联盟链助力产融融合发展

在大宗商品行业中，中小企业、民营企业库存商品多，盘活存货资产需求强烈，但由于传统仓单质押融资存在货物难以定位跟踪、归属难以认定、货物价值难以动态评估监管、货物处置流程复杂等诸多问题，难以做大融资规模。以区块链、物联网等为代表的数字技术正在改变这一切。将仓单数字化，利用区块链数据不可篡改等特点，利用物联网实时提供货物定位跟踪、归属认定、物理状态参数等信息，为有效解决商业银行在传统仓单质押融资过程中货物监管及所有权认定方面存在的问题提供了一个有效场景，有助于提升仓单资产的信用等级，促进了商业银行仓单融资业务发展。

2021 年 2 月，大连商品交易所与交通银行、中粮贸易辽宁有限公司（以下简称“中粮贸易”）合作搭建的联盟链平台顺利上线。该项业务试点是大连商品交易所和相关各方积极响应大力发展数字科技的号召，基于区块链与物联网技术帮助实体企业促进期货场内市场和场外市场深度融合的有益尝试。联盟链业务的推出致力于有效解决中小企业，尤其是民营企业非标准仓单信用水平低、流转难，作为抵质押物难以获取银行融资支持的关键性难题，该项业务的推广对于锚定非标准仓单价值、盘活企业库存商品、提高企业生产销售周转效率等方面具有显著成效，同时也有利于利用期货市场功能为非标准仓单价值确定提供平台。

在大连商品交易所联盟链中，大连商品交易所提供底层架构作为主节点，交通银行和中粮贸易通过节点接入联盟链。通过联盟链的数据集体维护、不可篡改、可追溯性强等特性，可有效防范仓单重复质押；通过仓储方中粮贸易的物联网体系，实现货物状态多点接入、全程实时监控，确保货物的真实、可靠。仓储方中粮贸易根据企业申请规则将货物注册成电子仓单并在大连商品交易所联盟链上完成备案，由中粮贸易与交通银行分别提交仓单质押申请，系统自动完成仓单状态变更并将信息写入联盟链；交通银行通过联盟链进行仓单确权后，为融资企业放款。另外，交通银行根据国务院发布的，2021 年 1 月 1 日起实施的《国务院关于实施动产和权利担保统一登记的决定》，通过中国人民银行动产融资统一登记公示系统完成了该笔仓单质押融资业务对应仓单的登记，实现了法律上的公示效用。

下一步，大连商品交易所将在联盟链上引入更多合作方，包括海关、税务部门、商业银行、仓储物流企业、保险公司、质检机构、大宗商品贸易商和期货风险管理子公司等，为产业客户非标准仓单提供质检、保险、质押、流转、套期保值、处置等全方位、一体化的服务，充分发挥区块链、物联网等新技术优势，有效整合行业资源，通过标准化的场内市场与个性化的场外市场深入融合，深度服务行业健康发展，进一步提升大连商品交易所服务实体经济的能力。

第六章 对外开放助力提升我国大宗商品定价权

一、中国成为全球大宗商品市场增长的最大推动力

2022年5月，世界银行发布《大宗商品市场：演变、挑战与政策》（*Commodity Markets*：*Evolution*，*Challenges*，*and Policies*）。报告显示，中国已经成为“近25年来全球大宗商品市场增长的最大推动力”。

一个世纪以来，全球大宗商品生产和消费大幅增加，商品生产、消费结构及价格持续变化。在主要大宗商品中，金属需求增长了10倍，能源需求增长了6倍，食品需求增长了4倍，且商品组间及商品组内部各商品的相对重要性发生了明显变化。同时，近20年来，推动需求增长的主要力量已从发达经济体转向发展中国家，发达国家和地区在能源和金属中的消费份额分别从1995年的50%和75%左右下降至34%和不到25%。主要大宗商品供应更加多元，国际贸易大幅增长，价格形成机制逐步向竞争性定价演变。

中国大宗商品市场在近20多年来取得了飞速发展，已经成为诸多大宗商品的最大消费国和生产国。当前，中国煤炭、金属和铁矿石需求占全球的一半以上，并成为近些年来大宗商品需求增长的主要贡献力量。中国是最大的煤炭消费国，石油消费仅次于美国，占全球原油消费的15%（美国占比约20%）。1995—2020年，中国能源消费占全球比重翻了一番。同时，中国是所有精炼金属的最大消费国和生产国，约占全球金属消费量的50%，其中铝、铜、锌、镍、锡、铅等精炼金属消费量占全球的一半以上。

1995—2020 年，中国金属消费增量占全球增量的近 90%，见表 6.1。

表 6.1 中国主要大宗商品需求份额变化

	1995 年	2020 年	份额峰值及年份
煤炭	30%	54%	2020 年 54%
石油	8%	17%	
铜	7%	58%	
铁矿石	30%	63%	2013 年 73%

资料来源：世界银行《大宗商品市场：演变、挑战与政策》报告。

西方国家经济发展历程表明，以英国、美国为代表的发达国家都利用工业化进程中的机会，在“窗口期”建立了自己的大宗商品国际定价中心。伴随相关规则制度的不断推广延伸，这些国家在国际市场上掌握定价话语权，具有广泛的国际影响力，尽管伴随制造业中心的转移出去而减少了大宗商品的大进大出，但大宗商品定价中心却留在了本土，形成了具有深刻影响力的软实力。从全球大宗商品贸易结构和产业结构调整看，中国已经具备了建立国际大宗商品定价中心的有利条件。一方面，我国工业化进程的持续推进保持了对大宗商品的大规模需求，中国对铁矿石、水泥、镍和煤等工业品的需求需要进口来满足；另一方面，我国企业的国际化经营步伐不断加快，竞争力不断提升，推动形成重要大宗商品生产流通的新布局，从而把消费品、工业制成品等商品领域的国际竞争能力转化为对原材料、大宗商品的定价能力。

二、共建“一带一路”深化我国商品期货市场开放

期货市场国际化具有重要的战略意义，不仅是引入国际投资者，更重要的是推动国内市场在大宗商品定价权上的影响力。因而，扩大对外开放是提高我国期货市场核心竞争力和国际影响力，进一步提升我国大宗商品定价权的必由之路。在“引进来”方面，2018 年我国首个国际化期货品种——原油期货挂牌交易，迈出了商品期货市场国际化的一步。截止到

2022 年底，我国对外开放特定品种数量增至 17 个，各类品种的国际影响力持续提升，期货市场绘制的“中国价格”在全球范围内受到了越来越广泛的关注。在“走出去”方面，纸浆期货成为首个通过结算价授权“走出去”的期货品种，低硫燃料油期货实现跨境交收，期货市场开放范围和路径进一步拓宽，境外投资者参与境内期货市场交易的积极性逐渐提高。

未来，高质量共建“一带一路”将进一步加速我国商品期货市场国际化步伐，为我国带来提升大宗商品交易定价权的战略机遇。“一带一路”贯穿欧亚非大陆腹地，大宗商品资源储备丰富，市场供需结构具有高度互补性与巨大合作潜力，开展跨国基础设施建设和规则制度互联互通，提高贸易和投资合作水平，将显著扩大商品现货基础市场，推动企业“走出去”和境外投资者“引进来”，为我国建设以人民币计价的大宗商品贸易定价和风险管理中心提供有力支撑。

首先，“一带一路”直接联通国际大宗商品市场供给端与需求端。“一带一路”涉及地域广阔，位于两端的东亚经济圈和欧洲经济圈产业发达，是国际大宗商品的主要需求方和进口市场，途经的东南亚、南亚、中亚、中东、中东欧等沿线国家及地区物产十分丰富，是全球多个大宗商品类别的主要产销地。比如，中东和中东欧地区拥有可观的化石能源储备，其中俄罗斯天然气探明储量占全球的 1/3，中东原油探明储量占全球近半数；中东欧、东南亚各国拥有丰富的有色金属矿产资源，中东欧包括俄罗斯、乌克兰和波兰，东南亚包括印尼、马来西亚和泰国；东南亚及南亚国家盛产各类农产品，其中印度、巴基斯坦等盛产棉花，印尼、泰国等盛产棕榈油、橡胶和稻米等。

其次，“一带一路”沿线期货市场发展各异，个别衍生品具有定价优势，与我国存在合作互补空间。“一带一路”沿线国家及地区期货市场发展程度不一，据不完全统计，交易所数量多达 83 家，其中 30 个国家或地区属于综合市场（既有期货交易所又有证券交易所）；33 个国家属于单一市场（仅有期货或证券交易所，但未兼营证券与期货业务）；另有 20 个国家属于空白市场，尚未设立交易所。此外，“一带一路”沿线国家及地区交易所上市期货品种地域特色鲜明，个别品种已形成定价优势。其中，具有区域特色的是印度商品交易所（ICEX）的瓜尔豆胶期货、鹰嘴豆期货，阿联酋迪拜商品交易所（DME）的阿曼原油期货等，掌握定价优势的是马来西亚衍生品交易所（BMD）的毛棕榈油期货、莫斯科交易所（MO-EX）的布伦特原油期货、印度多种商品交易所（MCX）的小型原油期货等。

最后，“一带一路”建设向纵深推进实施，为打造以人民币计价的国际大宗商品市场创造了良好条件。虽然我国期货市场近年来取得较快发展，但对外开放程度还远远不够，境外企业或投资者难以参与国内期货市场，大宗商品定价质量和效率与欧美成熟市场相比也有一定差距。“一带一路”向全方位、深层次、多领域推进与实施，在跨境贸易、基础设施建设、能源合作、产业投资等领域产生投融资需求，有利于人民币在沿线国家及地区流通和使用，加强大宗商品人民币计价。此外，“一带一路”也将促使更多企业“走出去”，催生更多风险管理需求，提高沿线国家及地区期货交易的市场流动性和活跃度，同时也会吸引更多境外投资者参与人民币计价大宗商品投资，扩大专业化投资者参与规模，为我国推进期货市场国际化建设，打造大宗商品贸易定价和风险管理中心提供有力支撑。

专栏6.1 我国期货市场交割服务首次“走出去”

商品期货交割，一般是实物交割。交割仓库就是期货交易所在商品主产区或主消费区设立的商品存储区域，以方便合约的买卖双方实现货款对付，完成交易。目前，我国期市尚没有在境外设交割仓库，但通过创新的“境内交割+境外提货”的境外交收模式，实现了类似功能。低硫燃料油期货是我国期货市场首个试点境外提货的品种。按照相关规则，低硫燃料油期货引入厂库交割，厂库的标准仓单持有人可以通过厂库所在集团提供的集团交收业务，按照约定在境外提货，完成境外交收。

2021 年 1 月 19 日至 21 日，上海国际能源交易中心（简称“上期能源”）低硫燃料油期货首次跨境交收成功实施，首批共计 2500 吨低硫燃料油货物通过集团交割境外交收库——中国石油国际事业（新加坡）有限公司完成提货。这批以“上海价格”为基准定价的低硫燃料油在跨境交收后，迅速实现了国际分售、船舶加注。这标志着我国期货市场首创的“境内交割+境外提货”的制度设计落地。我国期货市场从交易端“引进来”到交割端“走出去”，期市双向开放的“大棋局”渐次落子。

2020 年 12 月 23 日，低硫燃料油集团交割厂库——浙江自贸区中石油国际事业有限公司生成 3800 吨低硫燃料油期货厂库标准仓单；自 12 月 24 日起，集团交割中心——中国石油国际事业有限公司每日通过上期能源官网发布未来 15~30 天的境外提货升贴水指导价。在此基础上，托克新加坡、复瑞渤商贸（新加坡）有限公司、中基资源新加坡有限公司 3 家境外市场参与者通过参与低硫燃料油 2101 合约买入交割获得 3500 吨低硫燃料油厂库标准仓单，以 1 月 4 日低硫燃料油 2102 合约结算价为基准，与集团交割厂库完成标准仓单转让，并与境外交收库订立了对应价格的提货合同。此次跨境交收最终以平水完成。截至 2021 年 1 月 21 日，2500 吨低硫燃料油货物已经在新加坡寰宇及 PST 油库完成现场验收提货，跨境交收相关单证业已交付完毕。提货完成后，复瑞渤商贸（新加坡）有限公司持有的 1000 吨货物售至印尼国家石油公司；托克新加坡持有的 1500 吨货物则将直接用于国际船舶保税加注；中基资源新加坡买入的 1000 吨货物于近日完成提货，随后将实现分售。

在服务实体经济层面，跨境交收拓展了期货交易所的服务广度，能够满足实体企业联通境内境外两个市场、开展全球化风险管理的需求，赋能实体经济拓展国际供销渠道，期货市场全球资源配置枢纽功能更加凸显。

低硫燃料油期货首次“境内交割+跨境提货”创新业务的顺利进行，是中国期货市场交割服务“走出去”的重大突破。低硫燃料油作为第一个落地的境外提货品种，无疑给其他中国期货合约（包括但不限于油品合约）的境外实务提供了宝贵经验。随着仓单在特定条件下流转到境外提货成为可能，境外机构参与中国期货市场的动力会更强。

三、依托“一带一路”建设提升我国大宗商品国际定价权

“一价定律”决定了全球期货市场具有高度相关性。我国是全球大宗商品的最主要贸易国，但在大宗商品的国际定价权上话语权较弱，受其他市场影响甚至支配，这与我国长期期货市场的国际化程度不高、国际竞争力不足有较大关系。改革开放40多年来，中国已经发展成为世界第二大经济体、制造业第一大国、货物贸易第一大国、商品消费第二大国，是全球经济增长的重要引擎，共建“一带一路”为中国推动商品期货市场国际化、建设国际大宗商品定价中心迎来了难得机遇。

一是分类拓展“一带一路”期货品种开放合作。从中国与“一带一路”国家和地区的主要大宗商品贸易占中国全球贸易总量的比重来看，在“一带一路”沿线国家里，重要上市品种的大宗商品贸易占比在我国进出口贸易中占比非常高，具备了较好的合作发展基础。未来需要首先明确“一带一路”期货市场合作路线，针对在境内外商品期货市场均已上市的品种，鼓励境内外交易所在相关业务上尝试合作，在加强监管的前提下，

为投资者提供跨市场套利便利；针对已在境内商品期货市场上市但未在境外商品期货市场上市的品种，支持将中国期货市场的成熟经验推广出去，在当地挂牌上市中国现有品种的期货合约，直接吸引境外投资者参与中国期货市场的交易，给予当地在商品期货市场的论证、建设、交割库设置等方面的支持，促进其基础设施建设；针对已在境外商品期货市场上市但未在境内商品期货市场上市的品种，结合中国期货市场和经贸往来情况，加快研究推进新品种上市，简化特定品种审批程序，持续扩大特定品种范围，丰富境外交易者的投资工具，推动形成品种聚集效应，见表6.2。

表6.2　中国与“一带一路”沿线国家和地区上市品种贸易情况

排名	品种	全球占比/%	排名	品种	全球占比/%	排名	品种	全球占比/%
1	棕榈油	98.77	17	红枣	70.42	33	铅	47.37
2	甲醇	98.22	18	玻璃	70.14	34	铝	47.33
3	水稻	97.28	19	白糖	68.74	35	锌	44.93
4	苹果	90.38	20	动力煤	65.65	36	纸浆	40.81
5	棉纱	89.08	21	焦炭	61.37	37	白银	36.77
6	鸡蛋	86.88	22	铜	61.16	38	黄金	36.00
7	硅铁	86.31	23	聚丙烯	57.94	39	胶合板	33.09
8	燃料油	85.69	24	纤维板	57.29	40	棉花	31.85
9	原油	85.46	25	锡	57.19	41	豆油	31.07
10	天然橡胶	84.67	26	乙二醇	56.90	42	菜籽油	26.26
11	玉米淀粉	84.65	27	聚氯乙烯	55.67	43	玉米	22.98
12	锰硅	76.46	28	PTA	55.19	44	豆粕	21.58
13	线材	74.97	29	焦煤	55.09	45	小麦	18.98
14	螺纹钢	73.70	30	镍	54.41	46	铁矿石	15.52
15	聚乙烯	70.95	31	热轧卷板	50.98	47	油菜籽	3.79
16	沥青	70.86	32	菜籽粕	49.31	48	大豆	3.53

资料来源：UNCOMTRDE。

二是探索境内期货市场多元化开放渠道。推动境内期货市场开放发展的路径包括现有的特定品种和合格境外机构投资者模式以及期货通、期货公司跨境做市和跨境期货经纪3种潜在模式。其中，特定品种运行相对平稳，合格境外机构投资者以金融机构为主，拓宽其投资范围到期货市场，可提升外资投资组合的多元性。近期，我国将持续通过特定品种期货制度慎重地开放商品期货市场，并试点合格境外机构投资者有序参与境内期货交易。未来，应在境内资本市场双向开放的总体框架下，统筹协调开放品种适用性、监管协同性、法规一致性和风险管理等方面，以进一步权衡期货通、期货公司跨境做市和跨境期货经纪等其他开放路径，坚持期货市场国际化节奏缓于或基本持平于对应现货市场的基础上，推动有限度、有门槛、有选择地开放期货市场，见表6.3。

表6.3　境内期货市场不同的国际化路径比较

模式	优点	缺点
特定品种期货	无准入门槛，在岸交易，风险可控，资金闭环，可参与实物交割	需逐个品种报国务院批准，效率降低
合格境外机构投资者	可投资期货品种多，在岸交易，无汇兑限制，资金汇出入自由	有准入门槛，金融机构居多（不参与实物交割），对实体经济支持有限，有托管要求
期货通	资金汇出入迅速，投资者按本土交易规则操作简单便捷	离岸交易，难穿透监管，名义持有（操作上与境内现行制度存在冲突）
跨境做市	经资本中介后可使投资范围显著拓展	名义持有，中介公司有做市风险，规模化后超出期货公司风险承受能力，难穿透监管
跨境期货经纪	在岸交易，实际持有，与本土投资者享同等待遇	境内外法律法规互认难度较大，对经纪机构有较高要求

资料来源：姜哲《期货市场国际化：现状、问题与应对》。

三是加快引入境外交易者参与期货交易。加强自贸试验区内现有期货产品国际交易平台建设，发挥自贸试验区在交割仓库、仓储物流、金融服务等方面的功能，提升大宗商品期货市场对外开放水平。以现货国际化程度较高的已上市成熟品种为载体，加快引入境外交易者，建设以人民币计价、结算的国际大宗商品期货市场，形成境内外交易者共同参与、共同认可、具有广泛代表性的期货价格。在风险可控前提下，优化境外交易者从事期货交易外汇管理的开户、交易、结算和资金存管模式。

四是加快推进期货保税交割业务发展。支持具备条件的综合保税区开展商品期货保税交割业务，对经国务院批准对外开放的货物期货品种保税交割业务，暂免征收增值税。对期货交易所在自贸试验区内的保税监管场所开展期货保税交割业务的货物品种及指定交割仓库实行备案制。在为境外交易者提供便利的框架下，对参与保税交割的法检商品，入库时集中检验，进出口报关时采信第三方机构质量、重量检验结果分批放行。探索无进出口资质的境内客户接到保税仓单后进口报关的便利化方式。树立交割业务模范，向全国推广，进一步扩展保税交割区域。

第七章 开启我国期货市场高质量发展新征程

一、我国期货市场实现了跨越式发展

（一）我国期货市场发展历程

1. 初创探索阶段（1988—1993 年）

1990 年 10 月 12 日，郑州粮食批发市场经国务院批准正式成立，标志着中国商品期货市场的诞生。郑州粮食批发市场以现货交易为基础，同时引入期货交易机制。1991 年 6 月 10 日，深圳有色金属交易所宣告成立，并于 1992 年 1 月 18 日正式开业。同年 5 月 28 日，上海金属交易所开业。1992 年 9 月，我国第一家期货经纪公司——广东万通期货经纪公司成立。随后，中国国际期货有限公司成立。由于人们在认识上存在偏差，在缺乏统一管理的情况下，各地各部门纷纷创办形式多样的期货交易所。到 1993 年下半年，全国各类期货交易所达 50 多家，期货经纪机构数百家。由于对期货市场的功能、风险认识不足，法规监管严重滞后，期货市场一度陷入无序状态，并发生多起期货市场风险事件，直接影响期货市场功能的发挥。

2. 治理整顿阶段（1993—2000 年）

1993 年 11 月，国务院发布《关于坚决制止期货市场盲目发展的通知》（国发〔1993〕77 号）。该通知提出“规范起步、加强立法、一切经过试验和从严控制”的原则，标志着第一轮治理整顿的开始，该治理整顿以清理期货交易所为主，最终15家交易所作为试点被保留下来。1998年8月，国务院发布《关于进一步整顿和规范期货市场的通知》（国发〔1998〕27号），开始了第二轮治理整顿。1999年，期货交易所数量再次精简合并为3家，分别是郑州商品交易所、大连商品交易所和上海期货交易所，期货品种也由35个降至12个。同时，对期货代理机构进行清理整顿。1995年底，330家期货经纪公司经重新审核获得“期货经纪业务许可证”，期货代理机构数量大幅减少。1999年，期货经纪公司的准入门槛提高，最低注册资本金要求不得低于3000万元。为规范期货市场行为、加大期货市场监管力度，国务院及政府相关部门先后颁布了一系列法律法规。1999年10月，国务院颁布《期货交易管理暂行条例》（证监期货字〔1999〕12号），与之配套的《期货交易所管理办法》（证监期货字〔1999〕43号）、《期货经纪公司管理办法》（证监期货字〔1999〕43号）、《期货经纪公司高级管理人员任职资格管理办法》（证监期货字〔1999〕43号）和《期货从业人员资格管理办法》（证监期货字〔1999〕43号）等相继发布实施。2000年12月，中期协成立，标志着中国期货行业自律管理组织的诞生，从而将新的自律机制引入监管体系。

3. 稳步规范发展阶段（2000—2013年）

进入21世纪，“稳步规范发展”成为中国期货市场发展的主题。一系列法律法规的相继出台夯实了我国期货市场的制度基础，为我国期货市场的健康发展提供了制度保障。随着监管体制和法规体系不断完善，中国期货市场逐步走向法制化和规范化的发展道路。中国证监会行政监督管理、中期协自律管理和期货交易所自律管理构成的三级监管体制，对于维护期货市场秩序起到了积极作用。2006年3月，经国务院同意，中国证监会决定设立中国期货保证金监控中心，并于2015年4月更名为中国期货市场监控中心有限责任公司，作为期货保证金安全存管机构，监控中心为有效降低保证金被挪用风险、保证期货交易资金安全以及维护投资者利益发挥了重要作用。2006年9月，中金所在上海挂牌成立，并于2010年4月推出沪深300股票指数期货，这对于丰富金融产品、开辟投资渠道、完善资本市场体系、发挥资本市场功能以及深化金融体制改革具有重要意义，也标志着中国期货市场进入了商品期货与金融期货共同发展的新阶段。随着新期货品种的不断推出，期货交易量实现恢复性增长后连创新高，这为推动国家产业及国民经济发展积累了经验，具备在更高层次服务实体经济发展的能力。

4. 创新发展及对外开放阶段（2014年至今）

2014年5月，国务院出台了《关于进一步促进资本市场健康发展的若干意见》（国发〔2014〕17号），作为资本市场全面深化改革的纲领性文件，该意见对资本市场改革进行了顶层设计和战略规划，这对于凝聚改革共识、明确发展方向、共同推进期货市场更好服务实体经济具有深远影响，标志着中国期货市场进入了创新发展的新阶段。2014年9月，中国证监会发布《关于进一步推进期货经营机构创新发展的意见》（证监发〔2014〕77号），意见指出要充分发挥期货经营机构在服务实体经济风险管理、价格发现和增加投资、激发市场活力等方面的重要作用，坚持以市场化、法治化和国际化为取向，着力提升期货经营机构的核心竞争力，坚持创新发展与防范风险并重，鼓励期货经营机构自主创新，始终将风险管理贯穿创新发展的全过程。同年，召开首届期货创新大会，期货公司的风险管理、资产管理等创新业务全面展开。

近年来，期货市场对外开放力度也在不断加大。一是期货市场对外开放迈出实质性步伐，继2018年原油期货作为首个对外开放品种成功上市后，铁矿石、PTA、20号胶、低硫燃料油、国际铜、棕榈油期货、棕榈油期权、原油期权，以及黄大豆1号、黄大豆2号、豆粕、豆油期货及期权等品种作为特定品种引入境外交易者、实现直接对外开放，对外开放特定品种数增至17个。2022年9月2日，国内4家商品交易所宣布合格境外机构投资者（QFII）和人民币合格境外机构投资者（RQFII）可以参与相关期货、期权合约交易，首批共涉及41个品种，标志着我国期货市场对外开放进程的又一次加速。二是推进期货服务业对外开放政策正式落地，《外商投资期货公司管理办法》（证监会令第 149 号）发布实施，期货公司“引进来”“走出去”同步推进，摩根大通期货成为中国首家外资全资控股期货公司。三是期货交易所境外布局逐步深化，中国证监会指导交易所积极推进境外注册工作，便利了境外投资者参与；推进交易所合格对手方（QCCP）评估认定；能源中心和大连商品交易所在香港证监会注册为自动化交易服务（ATS）提供者，便利了当地投资者直接参与境内特定品种的交易。四是促进跨境监管与执法协作，跨境监管执法和国际交流合作稳步推进，中国证监会与新加坡金融管理局签署期货监管合作备忘录；中国证监会加强与中国香港证监会执法合作，专门就期货市场监管签署合作备忘录；中国证监会参与国际证监会第七委员会（IOSCO-C7）相关工作，参与金融稳定理事会场外衍生品工作组，推进全球场外衍生品监管改革工作。

2022 年 4 月 20 日，第十三届全国人民代表大会常务委员会第三十四次会议通过《中华人民共和国期货和衍生品法》。该法从期货和衍生品交易、期货结算与交割、期货交易者、期货经营机构、期货交易场所、期货结算机构、期货服务机构、期货业协会、监督管理及跨境交易与监管协作等方面对期货行业进行了规范，有利于规范期货交易和衍生品交易行为，保障各方合法权益，维护市场秩序和社会公共利益，促进期货市场和衍生品市场服务国民经济，防范化解金融风险。该法自 2022 年 8 月 1 日起施行。

经过 30 多年的探索与发展，我国期货市场由无序走向规范，由探索走向成熟，逐步进入了健康稳定发展、经济功能日益显现的良性轨道，市场交易量迅速增长，交易规模日益扩大。同时，我国期货市场的国际影响力显著增强，逐渐成长为全球最大的商品期货交易市场和农产品期货交易市场，并在诸多品种上保持较高的国际影响力。

专栏7.1 《期货法》开启我国期货市场高质量发展新征程

2022年4月20日，十三届全国人大正式通过《中华人民共和国期货和衍生品法》（以下简称《期货法》），自2022年8月1日起正式施行。作为金融法律体系中银行、保险、信托、证券、基金、期货六大板块的最后一块拼图，《期货法》的出台有着重大的现实和长远意义。

第一，明确立法宗旨和三大功能定位。《期货法》开篇第一条就列明立法宗旨“促进期货和衍生品市场服务国民经济，防范化解金融风险，维护国家经济安全”，充分展现了国家对期货立法的重视和支持期货行业发展的鲜明立场。《期货法》总则第四条明确“国家支持期货市场健康发展，发挥发现价格、管理风险、配置资源的功能”，阐明了期货市场具有的经济功能。

纵观国际成熟市场发展历程，期货市场服务实体经济的作用是多元的、综合的，潜在的功能体现在宏观和微观两个层面。从宏观层面看，一是期货市场能提供分散、转移价格风险的工具。期货衍生品源自农业、金属、能源、金融等多个原生行业，是国民经济高质量发展不可或缺的“稳定器”。二是期货市场能为宏观经济政策制定提供参考依据，相比现货市场价格信息的短期性和滞后性，期货价格具有连续、公开、超前的特性。三是期货市场能服务国际资源配置。当前国际大宗商品贸易主流是将期货市场价格作为定价基准，我国进口原油、大豆、玉米、铜等大宗商品时，一般以芝加哥商业交易所、伦敦金属交易所等的期货交易价格作为贸易谈判的定价基准。从微观层面看，期货市场套期保值交易，可以帮助企业规避价格风险，锁定生产成本、实现预期利润；利用期货市场价格信号，有助于企业调整生产计划、避免生产盲目性；期货市场严格的信用审查、履约担保制度等，保障参与者具有较高组织化、规范化程度，企业通过期货市场交割可以拓宽现货采销渠道，弥补现货市场流通不足。

第二，深层次优化期货市场交易者结构。一方面，《期货法》明确了套期保值的定义并鼓励实体企业利用期货市场从事套期保值等风险管理活动，确认套期保值持仓限额豁免制度。这不仅对企业参与期货和衍生品交易的目的、策略起到正向引导作用，也便于国有企业、上市公司从事套期保值交易时获得上级主管部门的重视和支持，还有助于套期保值会计准则、信息披露准则等配套制度的尽快完善，形成鼓励吸引大型优质企业参与期货套期保值的良好氛围。另一方面，《期货法》为吸引专业交易者做了一系列制度安排，包括提升交易者的权益保护力度、提高违法违规行为成本、促进期货交易更加公开公正公平，确立场内期货合约品种上市注册制、加快新品种上市步伐，明确跨境交易和监管要求、吸收国际先进立法惯例等。这些无疑将大大改善和提升期货市场法治生态和环境，使得期货投资有法可依，增强交易者参与期货市场的信心。对吸引公募、保险、企业年金等长期资金入市，吸引 CTA 策略为主的私募基金入场投资、吸引境外交易者参与境内期货市场有积极推动意义。

第三，拓展期货经营机构展业空间。《期货法》扩展了期货公司业务范围，提升了风险管理、资产管理、做市、境外经纪等创新业务的地位，为期货公司扩充资本实力、增强经营和风险管理能力预留了法律空间，推动期货公司向提供定价、交易、经纪等衍生品全链条综合服务机构的定位转型。鼓励期货公司做大做强期现结合业务，架起场内期货市场、场外衍生品市场与实体企业多样化、差异化风险管理需求之间的桥梁。结合企业生产经营特点，制定个性化套期保值方案、设计产品和交易策略、优化交割仓储物流、支持资金融通，发挥自身优势，提升综合服务水平。鼓励期货公司提供专业的定价和做市服务。提升政策面、产业链供需基本面、基差变化规律的分析判断能力，通过卫星遥感、大数据分析等先进技术跟踪供需变化，熟练运用各类衍生工具，形成定价和交易策略模型。担当做市商职责，为市场提供连续报价，保障市场交易连续性和流动性。鼓励期货公司发展成为专业的商品基金管理人，发行量化对冲、期现套利、CTA 趋势策略等主动管理产品，吸引长期资金入市，更好服务公募、保险、年金等机构投资者，改善期货市场的参与者结构，丰富大类资产配置。

第四，筑牢防范风险的法律制度基础。《期货法》将经实践检验行之有效的诸多风险防范措施升级为法律制度，专门规定了市场操纵违法行为，明确了证监会的调查处置权限，从法律上确认了交易所等的自律管理职责。《期货法》明确交易所风险管理“工具箱”、赋予交易所应对异常情况等紧急处置权；确认了期货市场监控中心的法律地位，通过保证金监控和全市场监测，有效防范系统性结算风险；明确监管机构防范系统性风险的法律职责，“监测监控并防范、处置期货市场风险”是市场监管机构的重要法定职责，证监会据此有权对期货市场系统性风险进行及时处置；规定了证监会对期货市场的监督管理内容、方式，列明禁止从事的市场操纵行为，明确了国家严厉打击违法违规行为，依法限制过度投机，防范资本无序扩张，赋予了证监会、交易所、协会等市场监管主体相应的监管权限。

（二）我国期货市场发展成效

我国期货市场脚踏实地、大胆探索，走出一条符合我国国情、适应我国实际的发展道路，具备了服务经济高质量发展的现实基础。

一是产品体系基本满足产业和经济发展需求。期货产品上市由中国证监会统筹管理、各交易所有序竞争，“成熟一个、推出一个”，为期货市场稳定运行提供了有力保障。过去 10 年我国新上市原油、铁矿石、生猪、国债等重大期货品种，填补了历史空白。交易所产品创新以市场实际需要为导向，螺纹钢、PTA、焦炭等10多个期货品种都具有我国产业特色，是全球独创的。在新的阶段，《期货法》推行的期货品种注册制将进一步激发市场活力。

二是期货服务实体经济方式持续创新。针对现货市场变化快、买卖双方议价难和供求关系不稳定等情况，交易所推动产业企业以期货价格为基准，加减品质差异、物流成本等，广泛开展基差贸易，助力上中下游固定成本、稳定供销。例如，2021年国内基差贸易现货购销额5566亿元，服务产业客户2万家次。针对我国现阶段小农散户多、难以有效对接大市场的特点，创新推出“保险+期货”业务模式，通过期货公司、保险公司把小而散的涉农风险管理需求集合、转移到期货大市场。针对小微企业多、风险管理需求点多面广的特点，各期货交易所通过“产融基地”“企业风险管理计划”“稳价订单”“商储无忧”等创新模式，发挥龙头企业带动作用，支持中小微企业加强风险管理。期货公司从原来单一的经纪业务，逐步拓展到资产管理、基金代销及期现结合等多元化业务。2013年，期货公司风险管理服务子公司落地，通过仓单服务、基差贸易等期现结合业务，多维度服务企业个性化风险管理需求，服务能力持续增强。

三是市场基础制度体系逐步完备。我国期货市场在实践中摸索形成的一系列有中国特色的开户、交易、清算、风控等制度，以及建立第三方平台对全市场的资金和交易行为进行监测监控，探索形成“五位一体”监管体系，是市场可持续发展的基石，较早实现了“看得见、说得清、管得住”，使期货市场多年来保持安全平稳运行。2022年8月，《期货法》正式施行，标志着我国期货市场已经建立完备的法制体系。

四是对外开放发展稳步有序。稳步扩大对外开放，是我国期货市场提高国际贸易定价效率和国际影响力的必由之路。自2018年以来，我国引入境外交易者参与原油、铁矿石、PTA、棕榈油等9个特定衍生品。2022年，实现向QFII/RQFII开放参与商品期货期权交易，期货市场国际代表性不断增强。期货经营机构“走出去”，在中国香港、英国、美国、新加坡等地设立子公司，为我国期现货行业融入全球市场提供支持。

二、境内外商品期货市场对比分析

伴随我国经济持续健康发展，我国商品期货市场发展取得重大成就，已经成为全球重要的衍生品市场。当然，与历经100多年发展的发达市场相比，我们在市场规模、产品数量、机构参与、开放程度等方面都还有差距和不足。总体上，我国期货市场发展空间十分广阔，大有可为。

（一）境内外商品期货市场成交绝对量对比分析

我国商品期货成交量全球领先，但平均交易单位普遍较小。按成交手数来算，自2009年以来，我国已成为全球交易量最大的商品期货市场，2022年我国商品期货交易量占到全球市场的72.29%。其中有20多种商品期货成交量居全球前列，包括农产品类的豆粕、菜籽粕、棕榈油、玉米、白糖、橡胶、豆油、棉花，金属类的螺纹钢、铁矿石、镍、白银、锌、铜、铝，化工类的沥青、甲醇、PTA等。

但我国期货合约交易单位普遍小于境外标杆性期货合约，实际的大宗商品交易金额则显著低于境外。我国三家商品期货交易所成交金额合计低于美国芝加哥商业交易所集团一家的商品期货成交金额，以成交金额计算，美国是全球第一商品期货交易大国。2022年，芝加哥商业交易所集团一家交易所交易额就达到74.4万亿美元，比上海期货交易所、大连商品交易所、郑州商品交易所三家交易所之和还要多，见表7.1。

表7.1　2022年成交金额前十大商品交易所

排名	交易所	商品衍生品成交额/十亿美元	商品期权成交额/十亿美元	商品期货成交额/十亿美元
1	芝加哥商业交易所集团	74405	10196	64209
2	ICE期货欧洲	37292	107	37184
3	上海期货交易所	26287	21	26267
4	伦敦金属交易所	18460	975	17486

续表

排名	交易所	商品衍生品成交额/十亿美元	商品期权成交额/十亿美元	商品期货成交额/十亿美元
5	大连商品交易所	17940	22	17918
6	郑州商品交易所	14042	11	14030
7	ICE 期货美国	3138	661	2477
8	印度商品交易所	1589	817	772
9	日本交易所集团	557	0	557
10	马来西亚衍生品交易所	442	0	442

资料来源：世界交易所联合会（World Federation of Exchanges）。

美国期货业协会数据显示，按照2022年同类产品成交绝对量（吨、桶等）统计，中国商品期货市场虽然在铁矿石、棉花等大宗商品成交绝对量上领先，具备较强国际话语权，但是与经济运行紧密、国际影响力大的原油、黄金、铜、铝、铅、大豆、小麦等大宗商品成交绝对量与美国（也包括英国以美元计价的交易市场）差距还很大。比如，上海期货交易所上海国际能源交易中心2022年成交原油期货535.81亿桶，只相当于洲际交易所布伦特原油期货和纽约商业交易所（NYMEX）WTI轻质原油期货的1/4左右；黄金期货境内交易量只有纽约商业交易所（COMEX）的1/7；铜、铝、铅作为重要的工业原材料境内交易量只有伦敦金属交易所（LME）的1/3左右，见表7.2。

表7.2　2022年相关产品境内外成交规模比较

产品	境内		境外		境外/境内
	交易所	成交量	交易所	成交量	>1代表境外高于境内
小麦期货/亿桶	ZCE	93.97	CBOT	352995.74	3756.31
大豆期货/亿桶	DCE	34858.32	CBOT	703403.15	20.18
铜期货/亿桶	SHFE	23248.31	LME	73442.98	3.16
铝期货/亿桶	SHFE	49987.55	LME	130119.32	2.60
黄金期权/亿桶	SHFE	0.41	COMEX	3.06	7.38

续表

产品	境内		境外		境外/境内
	交易所	成交量	交易所	成交量	>1 代表境外高于境内
铁矿石期货/亿桶	DCE	2211208.05	SGX	250783.73	0.11
原油期货/亿桶	SHFE	535.81	ICE. BRENT	2353.72	4.39
			NYMEX. WTI	2059.98	3.84
铅期货/亿桶	SHFE	10028.92	LME	25692.96	2.56
棉花期货/亿桶	ZCE	64152.14	ICE U. S.	19016.82	0.30

资料来源：美国期货业协会。

目前来看，欧美老牌交易所仍然牢牢掌握着国际主要大宗商品定价权。尽管我国市场交易及持仓量进步迅速，甚至有多个品类已超过欧美市场，但国际主要大宗商品定价权仍由欧美老牌交易所主导，少部分由日本、新加坡等发达经济体交易所掌控。譬如，原油交易以纽约商品期货交易所（NYMEX）西得克萨斯中质原油价格和洲际期货交易所（ICE）伦敦布伦特原油价格为定价基准，燃料油交易以新加坡普氏公开市场价格（PLATT）为定价基准，有色金属交易以伦敦金属交易所（LME）为定价基准，农产品贸易以芝加哥期货交易所（CBOT）为定价基准，天然橡胶交易以东京商品交易所（TOCOM）为定价基准，等等。欧美老牌交易所之所以能够取得大宗商品定价权，在于其以国际化规范运营以及长久良好信誉作为支撑，吸引来自全球的各类投资者参与交易，商品价格连续性、市场流动性均较新兴市场占有显著优势。

（二）境内外商品期货市场持仓量及市场参与者对比分析

按 2022 年末的持仓手数计算，美国两大交易所洲际交易所和芝加哥商业交易所集团居全球场内商品衍生品前两位。郑州商品交易所、大连商品交易所和上海期货交易所排名依次为第 3 位、第 4 位和第 6 位，与 2021 年相比，分别上升 2 名、下降 1 名和下降 2 名。郑州商品交易所持仓手数较 2021 年绝对增幅最大，达到 66.65%，大连商品交易所和上海期货交易所持仓手数也有所增长，分别增长 8.89%和 5.19%。洲际交易所一家交易所的持仓量大于郑州商品交易所、大连商品交易所和上海期货交易所 3 家交易所持仓量之和，见表 7.3。

表 7.3　按持仓量全球十大商品衍生品交易所

2022 年排名	2021 年排名	交易所	持仓量/百万手	同比增加/%
1	1	洲际交易所	46.40	5.27
2	2	芝加哥商业交易所集团	20.00	-6.65
3	5	郑州商品交易所	13.47	66.65
4	3	大连商品交易所	12.24	8.89
5	6	德意志交易所集团	9.11	25.14
6	4	上海期货交易所	8.69	5.19
7	9	新加坡交易所	2.01	20.67
8	7	香港交易所集团	1.39	-35.73
9	10	伊斯坦布尔交易所	1.19	12.77
10	8	莫斯科交易所	0.89	-49.66

资料来源：美国期货业协会。

洲际交易所、芝加哥商业交易所集团之所以按手数计算的交易量落后于郑州商品交易所、大连商品交易所、上海期货交易所，但是持仓量远远高于中国国内三大交易所，是因为全球衍生品投资者结构日趋多元化，机构投资者成为期货交易的“中坚力量”，市场参与度持续提升。机构投资者主要包括生产者、加工商、仓储商、贸易商、各类基金以及金融机构如银行和保险公司等，由于其专业水平较高、资金实力雄厚且风险承受力较强、持仓时间长，是国际期货市场的稳定力量。国际成熟期货市场机构投资者持仓占比普遍在 60%以上，根据美国商品期货交易委员会（CFTC）的数据，近年来，美国机构投资者持仓占比超过 80%。

与国际成熟市场相比，我国商品期货市场的机构投资者参与度明显不足。

一是产业参与者不够充分，市场功能有待提升。在规模以上企业、上市公司对避险工具的选择上，以外汇期货最多，其次是商品期货。开展商品套期保值业务主要在场内交易所，开展外汇套期保值业务主要在银行间市场进行，运用工具包括远期、互换、期权、期货等。数据显示，截至2022年6月末，A股发布关于开展套期保值业务公告的公司数量超过850家，在A股4840家上市公司中占比约17.6%。对比全球五百强企业中参与期货衍生品交易的比例超过90%，标准普尔指数中的上市公司参与比例超过80%，未来我国上市公司运用期货工具的空间广阔。

二是金融机构、资管机构等机构投资者参与度不高。近年来，全球货币宽松大潮连番袭来，大宗商品投资是重要的另类投资市场，进入大宗商品及衍生品市场的各类机构投资者越来越多，资产配置比重越来越高，参与程度甚至超过生产加工商、流通贸易商。金融机构、资管机构等机构投资者通常具有雄厚的资金实力、较强的风险承受力和较高的专业水平，伴随机构投资者参与程度日益加深，能够有效抑制期货市场价格剧烈和非理性波动。目前，国内商业银行只能参与黄金、白银期货交易，还不能开展国内其他大宗商品的期货交易，但它们的企业客户和部分高净值个人客户利用商品期货对冲风险和进行资产配置的需求强烈。为此，一些国内商业银行只能选择到境外投资商品期货。

（三）境内外商品期货市场品种对比分析

据美国期货业协会统计，截至2020年，全球共有45家商品衍生品交易所或综合性交易所涉及商品衍生品交易业务，共有商品类衍生品1416只，与2019年的1463只基本持平，其中大部分为商品期货（共1107只，占比78.2%），少部分是商品期权（共309只，占比21.8%）。在45家商品相关交易所中，商品类衍生品最多的10家交易所中有6家位于美国。其中，纽约商品期货交易所提供商品类衍生品数量最多，达到513只，占全球1/3以上。中国三大商品期货交易所分别排名第15、16和18，在品种创新方面与美国还有较大差距。美国市场合约种类最丰富，合约总数占全球的四成以上，许多同类商品同时上市大合约、迷你合约和微型合约。我国衍生品种类不仅远远落后于美国、德国等发达经济体，甚至落后于南非、印度等发展中国家，具有广阔的开发空间，见图 7.1。

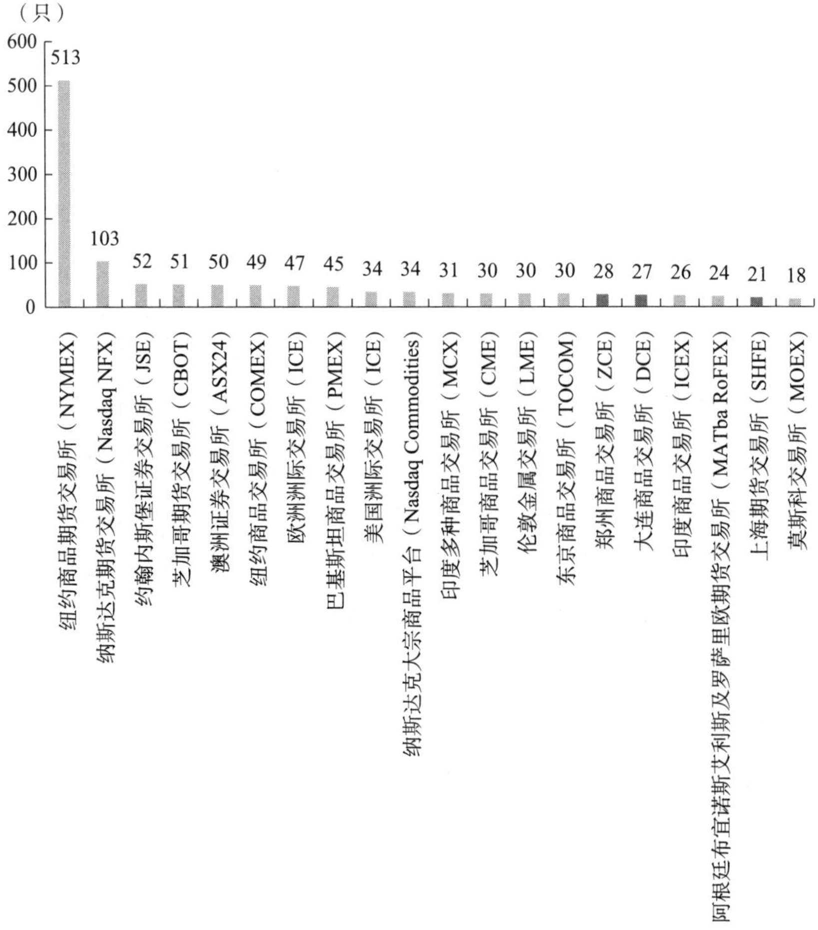

图 7.1　2020 年全球提供商品类衍生品数量最多的 20 家交易所

资料来源：美国期货业协会。

丰富且结构合理的产品体系既是期货市场高质量发展的重要表现，也是期货市场服务实体经济的基本载体和工具。随着近年来一批新产品的推出，我国商品期货市场的品种体系日趋完善，但与经济社会发展需要以及期货市场自身高质量发展的要求相比，品种结构依然不够合理，一些重要品种缺失，无法满足经济高质量发展的要求。主要表现在如下几个方面：

一是在农产品领域，美国期货的数量超过中国内地，比如猪肉、活牛、牛奶、奶粉、橙汁、黄油、燕麦、咖啡、可可等多个在美国交易活跃的品种在中国内地尚未上市。特别是随着收入水平的提高以及消费结构的升级，人们对畜产品和特色农产品的需求大幅增加，相应地，在农业内部构成中，畜产品和特色农产品所占比重亦大幅上升。不同于粮食类的大宗农产品，畜产品和特色农产品的市场化程度更高，产品几乎均由市场调节，市场价格波动风险更大，相关的生产经营者更需避险工具和预期价格的引导。而目前我国农产品期货市场的上市品种主要集中于种植业中的农产品，畜产品仅有鸡蛋和生猪期货，鸡、牛、羊、奶等产品亟待进入我国商品期货市场交易领域。

二是在能源方面，美国期货品种的数量也超过中国内地。美国已上市但中国内地尚无的品种包括电力、天然气、柴油、汽油、丙烷、丁烷等，在中国内地已上市的品种中，美国仅有石油沥青 1 个品种未上市。我国是能源需求大国，对外依存度较大，相关行业需要借助于期货市场规避风险，利用期货价格指导生产经营，国家也需要借助于期货市场获取重要品种的定价话语权。虽然我国目前已经上市了原油、燃料油、动力煤、焦煤焦炭等期货品种，但诸如天然气、汽油、柴油、航空油等大宗能源类品种尚未上市，还不能满足实体经济发展的需要。

三是在商品期权方面，在美上市的商品期权合约有 200 多个，而且美国的期货市场目前一般是期货、期权产品同时推出，期权市场与期货市场实现了同步发展。与期货市场相比，我国期权市场发展较为滞后。与期货相比，期权的收益具有非线性特征，可以极大丰富投资组合，更好地实现避险。2017 年，我国推出第一个期权产品——豆粕期权，此后陆续上市了几个期权产品，但与期货品种相比，期权产品明显偏少，截至 2022 年底只有 28 个。

四是在创新类商品衍生品方面，美国已经有商品指数、航运、天气、碳排放、房地产等一批成熟的品种，如在推动“碳中和”和经济可持续发展中，以碳金融衍生品为代表的期货市场可以发挥重要作用，助力相关产业发展和经济实现可持续发展。而目前，我国创新类衍生品发展尚属空白。

三、瞄准国际一流推进我国期货市场高质量发展

（一）提升期货市场发展能级，积极争取大宗商品国际定价权

经过多年治理整顿和规范创新发展，我国已经形成了比较成熟的期货市场，交易规模日益扩大，在稳定市场价格、实行资源优化配置和服务实体经济方面发挥了重要作用。随着国际贸易的各种变化和冲突，作为战略性物资的大宗商品面临越来越大的价格波动风险，充分发挥期货市场功能逐步深入国家经济发展战略层面，我们需要树立全新的思路，制定有力的政策，加快基础性制度建设，加大期货市场改革创新和国际化发展力度，促进期货市场健康和可持续发展，为维护国家经济安全和我国经济高质量发展提供有力支撑。

一是强化期货市场对国家经济安全的保障功能。农产品、能源以及基础原材料等大宗商品大多处于产业链的前端，是生活和生产的主要投入品，这些商品的可获得性与价格的可接受性是国家经济安全的重中之重。通过期货市场维护国家经济安全是国际惯例和通行做法。西方国家历来重视发展期货市场，通过国家对资源的控制力和规则的影响力来保障大宗商品市场的安全。比如美国作为全球最大的石油消费国和进口国，石油对外依存度较高，为保持对石油市场的控制力和影响力，主要以调节美国战略石油储备和通过原油期货建立动态库存两种市场化手段来实现，其中纽约商业交易所推出的 WTI 原油期货已成为全球最大的原油期货市场，日均持仓量超过 200 万手，约合 20 亿桶原油，是美国战略石油储备的 3 倍。我国在原油、铁矿石、PTA 等方面有了一定的话语权和影响力，但大宗商品国际定价中心与某类大宗商品的国际市场定价权是不同的，大宗商品的国际

定价中心主要还是在美国、英国等国家。我国当前正处于中华民族伟大复兴的关键时期，需要充分发挥期货市场的独特功能，服务大宗商品贸易，为国家经济安全贡献重要力量。

二是促进期货市场定价机制与产业发展相结合。加快将原油、铁矿石、PTA、铜、棉花、大豆等市场比较成熟、价格影响力比较大的期货品种的价格纳入国内大宗商品定价体系，充分反映国内供需情况，方便国内企业开展套期保值业务。推动重点产业领域相关央企、大型国企、有实力的民企等将期货市场价格作为国际贸易的定价基准。受现有管理制度、对套期保值功能的认知、衍生品的高风险性以及社会舆论等因素制约，国企参与期货交易的现象还不普遍，期货在国企风险管理中的作用尚未充分发挥。目前，我国央企境外机构有 9000 多家，分布在全球 180 多个国家和地区，可以充分发挥央企在境外的技术、资金、管理和人才优势，借鉴国际市场成熟经验，将定价模式带入当地市场，推动将国内商品期货市场的价格作为贸易往来的定价标准。鼓励和支持期货市场、央企、大型国企和有实力的民企在国际市场上“抱团取暖”，进一步提升中国大宗商品期货市场的定价话语权和国际影响力。

三是加快提升社会上期货市场理念的普及程度。当前，期货市场发展存在企业日益增加的保值需求与社会认知度较低之间的矛盾。由于我国期货市场的发展比较曲折，其发现价格和套期保值的功能发挥具有一定隐蔽性，长期以来社会公众对期货市场的存在以及其在国民经济运行中作用的认识产生了偏差。期货市场的功能发挥有 3 个特点：第一，向社会无偿提供商业活动的定价基准，具有公益性，容易被公众忽视；第二，市场中的投机者为期货市场提供了充足的流动性，方便企业套期保值对冲风险，但大部分人仅看到期货市场的高杠杆和投机性，而忽略了投机者的正面作用；第三，期货市场的保证金交易为企业管理原材料库存提供了低成本工具，但由于大多数企业习惯实货库存而放弃使用期货工具。期货是专业性的投资工具，并非大众化的投资产品。期货行业是典型的小行业面对大市场，未来亟待全面推广期货套期保值和价格发现的理念。

四是稳步推进期货市场国际化进程。进一步加快推进已上市品种的国际化进程，加快引入合格的境外投资者和企业参与者。深化对全球产业链服务能力，在“一带一路”沿线等境外地区设立交割仓库，增加重要品种保税交割库和境外交割品牌，消除境外企业、境外相关品种参与境内交割制度制约。扩大与境外期货交易所的合作，抓住“一带一路”建设的发展机遇，加强与沿线国家的合作，推进交易所、期货公司、结算机构的业务与股权合作，推进期货市场规则、技术、人才队伍等与国际接轨。

（二）推动期货市场创新发展，提升服务实体经济的广度和深度

新出台的《期货法》围绕服务实体经济高质量发展的主线，就促进期货市场功能发挥做了制度安排，为我国加大期货市场创新发展力度、更好服务实体经济提供了法律和制度保障。

一是不断丰富期货市场品种体系。期货品种的丰富度是确保期货市场交易活跃性的基础，90%以上的全球500强企业在期货和衍生品市场通过套期保值进行风险管理。尽管近年来我国期货市场的品种类型在不断增多，但与国外成熟期货市场相比品种依然较少。期货品种的单一限制了有风险管理需求的企业利用期货套期保值，在一定程度上削弱了期货市场服务实体经济功能的发挥。我国需要加快推进期货新品种研发上市，加强对交易所期货品种创新设计的激励机制，在借鉴发达国家已有期货产品的同时，应结合我国国情设计出符合乡村振兴、“双碳”目标、创新驱动等国家战略以及满足企业现实需求的期货产品。适当调整期货产品上市的审批制度，在保证期货市场安全的前提下，减少不必要的行政审批，支持不同品类期货产品探索上市。19世纪60年代到70年代，美国期货合约上市成功率只有30%左右，可见，哪个品种应该上市或者哪个品种不能上市难以预先判断，产品上市成功与否主要由市场决定。根据市场形势和产业发展的变化，优化完善已上市的期货合约。在现有期货合约的基础上，交易所可推出迷你型、微型期货合约，通过降低交易单位降低期货市场门槛，吸引更多产业客户的参与。在创新类期货方面，可考虑率先推出天气期货、碳期货等，助力经济可持续发展。在已有期货品种的基础上，尽快推出相应的期权产品，实现期权上市常态化，同时大力推动互换市场和场外交易市场的发展，构建多层次衍生品市场体系。

二是积极推动期现结合业务发展。期现结合实质上是交易主体利用不同市场进行风险管理的经营活动，是企业优化资源配置，实现产业链整合的有效途径。交割制度的存在，使得期货市场与现货市场能紧密结合。相比期货市场交易机制较为完善，大宗商品现货交易市场处于逐步规范化发展阶段。我国需要加快推动大宗商品交易市场能级提升，通过股份制改造、兼并重组等多种方式，在能源、农产品等领域积极培育形成运营规范、具有较大影响力的交易平台，建立期现联动、内外连接的大宗商品现货市场，打造集交易、结算、物流、金融、资讯等功能于一体的大宗商品行业生态圈。针对大宗商品交易和场内期货市场共有的交易品种，探索通过交割仓库互认、仓单互通互换、交易信息共享、标准仓单交易等方式加强大宗商品现货交易市场与场内期货市场的联动发展，并逐步向非标仓单、保税仓单和场外衍生品交易拓展，实现大宗商品现货交易市场与期货市场的有效对接，打通场内套保到场外贸易之间的界限，提升大宗商品市场的交易交割能力和服务实体经济的能力。

三是加快期货服务模式创新升级。在期货市场上，产业链各方的紧密联系可以促成稳定的产销关系，也会促进整个产业的技术进步和结构优化。产业链深入开发和服务多元化的需求，要求期货服务产业发展的模式不断升级。农业是最早构成期货交易的领域，自 2015 年起，中央“一号文件”连续多年对“保险+期货”试点进行了部署，有效探索了财政撬动金融资本支农惠农新模式，未来仍需进一步稳步扩大优化“保险+期货”，加快延伸至“保险+期货+银行+龙头企业”的全产业链金融服务模式。同时，推动以科技促进期货市场加快创新，促进期货市场技术变革、业务变革和运行管理变革，优化服务供给方式。

（三）优化期货市场参与结构，充分激活期货市场发展活力

我国期货市场机构投资者不足的主要原因在于企业本身、观念认识以及政策法规等方面的限制。大量的中小民营企业由于规模较小、资金实力弱、人才匮乏等原因难以通过期货市场避险保值。期货市场投资者教育不到位造成了企业对期货市场的认识存在偏差，认为期货市场的投机性过强，甚至把参与期货交易等同于赌博，这严重制约了企业参与期货市场的积极性。而法律法规则明确禁止某些国有企业参与期货交易，许多金融机构如保险公司、商业银行等也无法直接参与期货交易。这导致我国期货市场投资者结构以个人投资者为主，机构投资者占比较低，造成期货市场套期保值者不足，极易引起市场的非理性波动。因此，应做好以下工作。

一是加快培育成熟机构投资者。在我国期货市场交易中，套期保值者和金融投资机构两大主体参与者中的机构比例较小。国际上的期货市场机构投资者主要有专业商品投资基金、综合性的金融投资机构以及以套期保值为主要目的的现货企业。基于我国的现状，未来应进一步加大对机构投资者的扶持力度，放宽期货市场参与主体的限制，采取有条件、有步骤、有限度地培育和引入对冲基金、保险基金、养老基金、金融机构、国企等机构投资者，鼓励更多的现货生产商和销售商进入期货市场进行套期保值，切实改善我国期货市场的投资者结构，更好地促进期货市场功能的发挥。

二是加强机构投资者教育。期货市场的基础功能在于套期保值，我国期货市场迫切需要吸引大量实体企业，尤其是国有企业、上市公司这类优质企业的参与。比如，各地国资委对国有企业参与期货套期保值认知存在较大差异。因为法律禁止国有资产做投机交易，套期保值操作存在基差风险，管理不善也会出现亏损，国企管理层在考核评价中，对于期货套期保值亏损将承担很大的责任，加上企业套期保值会计审计制度不完善、内控机制不健全、专业人才缺乏，造成国企管理层对参与期货套期保值并不积极。可以借由《期货法》的出台，对企业参与期货和衍生品交易的目的、策略开展正向引导，便于国有企业、上市公司从事套期保值交易时获得上

级主管部门的重视和支持，推动套期保值会计准则、信息披露准则等配套制度的尽快完善，形成鼓励吸引大型优质企业、国有企业、上市公司参与期货套期保值的良好氛围。

三是鼓励期货经营机构加强创新发展能力建设。期货经营机构是连接期货市场和投资者的重要桥梁和纽带。期货经营机构普遍面临业务模式单一、实力相对较弱等问题。虽然近年来我国期货公司发展迅速，业务领域不断拓展，逐步摆脱了业务单一、同质化竞争的局面，但与其他金融机构相比，我国期货公司的经济实力仍然较弱，竞争力较低。支持期货公司兼并重组、增资扩股，优化法人治理结构，提高专业水平和动员社会资源能力。鼓励加大业务创新力度，加快在定价体系、融资模式、风险管理工具等领域的创新，提供从场内到场外、从期货到期权、从商品期货到金融期货、注重利用多种衍生品工具的一揽子风险管理服务。充分发挥风险管理和资产管理服务优势，加强与银行、证券、信托、保险等金融机构的协作，拓宽合作空间。积极进行国际化布局，设立境外分支机构，逐步将境外客户引入国内期货交易所和场外市场，全面提升跨境服务、个性化定制服务和综合风险管理能力。

专栏7.2　我国期货资管业务规则日益健全

期货资管业务的稳步发展与期货市场法治水平的不断提升相辅相成。1999年6月《期货交易管理暂行条例》及4个配套管理办法未提及期货资管业务，但2007年3月《期货交易管理条例》明确了期货公司可以申请经营国务院期货监督管理机构规定的其他期货业务，为期货资管业务预留了空间，并在随后历次修订中保留了这一规定。2012年7月，《期货公司资产管理业务试点办法》公布，虽然允许期货资管业务接受单一客户或特定多个客户委托，但由于该办法主要关注接受单一客户委托，对于接受特定多个客户委托，需要另行规定，因此实践中仅能采取“一对一”模式；2014年8月，《私募投资基金监督管理暂行办法》公布，明确期货资管业务的性质属于私募基金业务；2014年10月，《期货公司监督管理办法》再次明确期货资管业务接受单一客户或特定多个客户委托，并放开“一对多”模式。

2016年7月，《证券期货经营机构私募资产管理业务运作管理暂行规定》公布，为统一证券期货经营机构资管业务的监管标准奠定了基础。2018年4月，《关于规范金融机构资产管理业务的指导意见》（以下简称“资管新规”）颁布，在回归本源的前提下，逐渐统一各类金融机构资管业务的监管标准；同年10月，《证券期货经营机构私募资产管理业务管理办法》《证券期货经营机构私募资产管理计划运作管理规定》公布，废止《期货公司资产管理业务试点办法》，统一了证券期货经营机构资管业务的监管标准。此外，相关行业协会还出台了多项规范性文件，细化行政法规、部门规章的相关规定。

2022年4月，《期货法》颁布，遵循“功能监管”的理念，首次从法律层面为期货公司开展资管业务明确了依据，提出“期货公司从事资产管理业务的，应当符合《中华人民共和国证券投资基金法》等法律、行政法规的规定”，这为未来期货公司大力开展资管业务带来了巨大发展空间。2023年1月13日，中国证监会发布了修订后的《证券期货经营机构私募资产管理业务管理办法》及其配套规则《证券期货经营机构私募资产管理计划运作管理规定》。证券期货经营机构及其子公司以自有资金参与其自身或子公司管理的单个集合资产管理计划的份额合计不得超过该资产管理计划总份额的50%，而此前这一比例为20%。同时，还允许最近两期分类评级为A类AA级的期货公司及其子公司的资产管理计划投资于非标准化债权类资产、股权类资产、期货和衍生品类资产，期货公司大力开展资管业务标准和制度逐步统一完整，发展空间更加巨大。

Ⅲ 大连篇

第八章 基于CFCI的大连金融中心竞争力评价

一、大连区域性金融中心建设总体情况

2009 年，国务院批复《辽宁沿海经济带发展规划》，明确大连建设区域性金融中心，大连区域性金融中心建设由此上升为国家战略。按照国家战略部署，大连确立了“立足大连，依托环渤海，服务东北，面向东北亚，构建机制合理、机构完善、交易活跃、人才汇聚、环境优越的金融市场和金融服务体系，重点发展期货市场，在建设东北地区金融中心的基础上，逐步发展为东北亚重要的国际金融中心”的总体目标，按照“科学统筹规划、依托资源优势、突出开放特色、强化创新驱动、服务实体经济、防控金融风险、持续协调推进”的总基调，推动区域性金融中心建设取得长足进展。

一是金融支柱地位突出。截至 2022 年末，全市金融总资产近 3 万亿元，金融业增加值在服务业增加值和全市地方生产总值中占比分别为 16.3%和 8%。自 2015 年 3 月首次被纳入全球金融中心指数榜单至今，大连已连续 17 次入选榜单，是内地 12 个入选城市之一，金融中心国际影响力不断扩大。

二是期货市场全球领先。大连商品交易所是中国五大期货交易所之一，是全球重要的农产品、塑料、铁矿石期货市场，已上市期货品种 21 个、期权品种 11 个，2022 年全年成交量居全球主要衍生品交易所第 9 位、商品类交易所第 2 位，正在加速建设成为期货现货结合、场内场外协同、

境内境外联通的国际一流衍生品交易所。

三是金融机构高度聚集。大连现有各类持牌金融机构300家，各类地方金融组织213家，已初步形成种类齐全、功能完善的现代金融服务体系。截至2022年末，金融机构各项存、贷款余额分别为1.9万亿元和1.4万亿元，同比分别增长10.7%和5.1%，当年新增分别为1829.9亿元和694.8亿元，存款增量、增速创近10年新高，增量位居全省第1；贷款增量、增速创近7年新高。

四是金融市场全面发展。截至2022年末，全市境内上市公司31家，占全省34.8%；“新三板”挂牌企业54家，占全省39%；境内上市公司总市值4546亿元，占全省46%。2022年全年32家次企业发行债券融资344.8亿元，其中，企业发行债务融资工具262亿元，占全省71.7%。2022年实现保费收入400.8亿元，位列东北副省级城市首位。全市保险深度4.8%，高于全国平均水平0.9个百分点；保险密度5322元/人，高于全国平均水平1996元/人。

五是金融开放稳步扩大。与伦敦金融城、纽约泛美交易所、中国台湾金融总商会、中国香港联合交易所、韩中交流协会等建立了长期合作机制。全市外汇结算额、跨境人民币结算额始终占全省的50%以上。在连金融机构与全球4000多家银行建立了代理关系，业务范围辐射150多个国家和地区，金融开放水平和国际影响力东北领先。获批全国第二批数字货币试点城市、合格境外有限合伙人（QFLP）、贸易外汇收支便利化等试点，外商投资集聚力和贸易投资便利化水平不断提升。

二、大连区域性金融中心综合竞争力评价

由国家高端智库中国（深圳）综合开发研究院编制的CDI中国金融中心指数（CFCI），构建了4级架构共计95项指标，从综合竞争力、金融产业绩效、金融机构实力、金融市场规模和金融生态环境等方面对我国36个金融中心进行了评价。

本章基于最新一期——2022 年发布的第 14 期 CFCI 指数的评价结果①，从综合竞争力整体得分以及构成其得分的金融产业绩效、金融机构实力、金融市场规模和金融生态环境 4 个维度展开对大连金融中心的评价，研究总结最新发展状况。

一是大连金融中心综合竞争力排名全国第 14 位，在区域性金融中心中排名第 11 位。从自身纵向比较来看，十年间综合竞争力得分提升明显，从 28.8 分上升至 48.6 分，全国排名第 10 至第 15 位。2022 年大连金融中心综合竞争力得分较上期提升 4 分，综合竞争力在全国 36 个金融中心排名为第 14 位，较上一期上升 1 个名次。CFCI 把 36 个金融中心按辐射影响力划分为“全国性金融中心”和“区域性金融中心”，其中上海、北京、深圳为“全国性金融中心”，而其他 33 个城市为“区域性金融中心”。在“区域性金融中心”中，大连排名全国第 11 位，见图 8.1 和图 8.2。

二是大连在东北区域金融中心中排名首位，优势十分显著。根据我国区域社会经济发展特征和金融中心地理位置分布，CFCI 将 33 个区域金融中心划分为东北区域、北部沿海区域、东部沿海区域、南部沿海区域、中部区域和西部区域共六大区域，大连、沈阳、长春、哈尔滨归属为东北区域金融中心。从区域对比来看，大连金融中心综合竞争力相对沈阳、长春、哈尔滨的优势十分显著，排名区域首位，也是东北区域内唯一的一个综合竞争力得分超过区域金融中心平均得分（46.6 分）的金融中心，见图 8.3。

---

① 2022 年发布的第 14 期 CFCI 指数所采用的指标数据均为 2021 年。本章数据如无特别说明，均为截至 2021 年底数据。

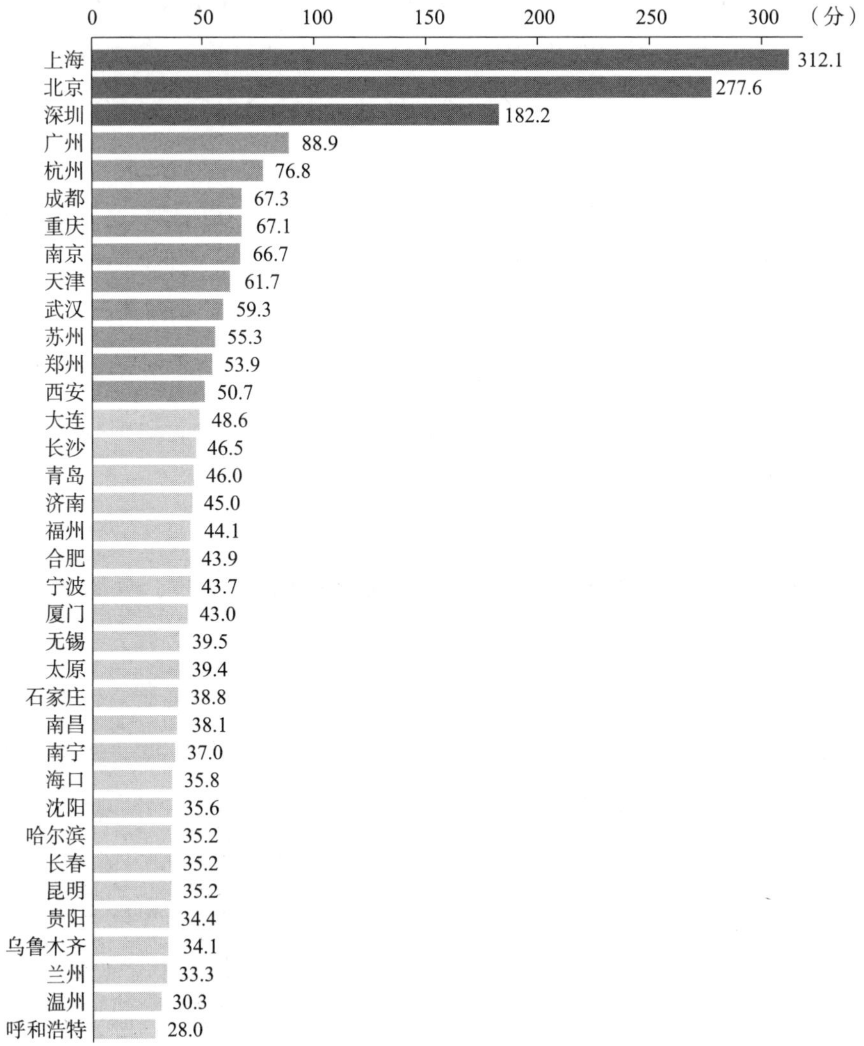

图 8.1　第 14 期中国金融中心指数（CFCI）综合竞争力得分

资料来源：第 14 期中国金融中心指数报告。

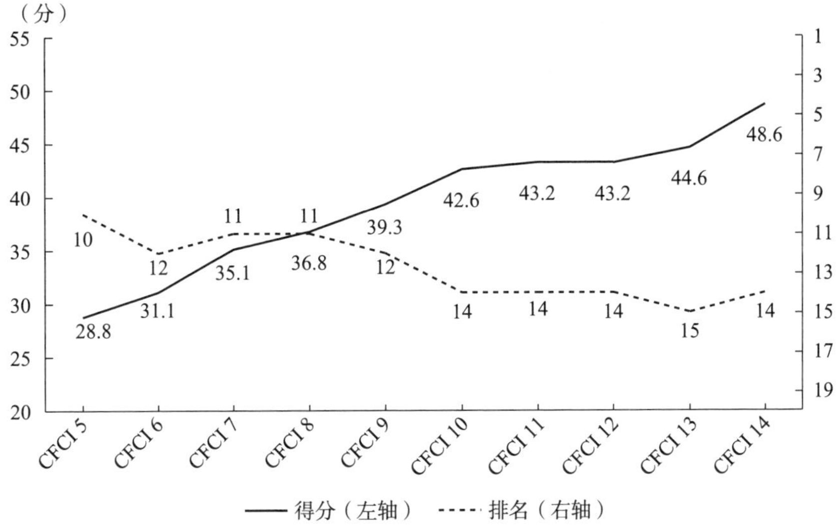

图8.2　大连金融中心综合竞争力历次得分与排名

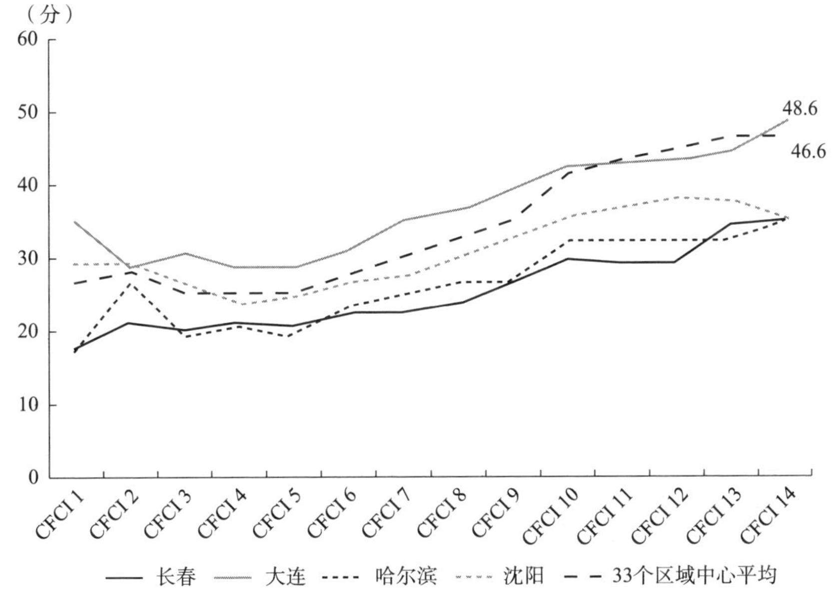

图8.3　东北区域金融中心竞争力得分变化情况

三是以期货市场为核心的金融市场发展在大连区域金融中心建设中发挥重要龙头引领作用。在金融中心四大竞争力评价维度中，金融市场规模是大连最重要的贡献维度。具体来说，从CFCI 5到CFCI 14，大连金融中心综合竞争力得分由 28. 8 分上升至 48. 6 分，上升幅度约为 68. 8%；从 4 个评价维度来看，金融产业绩效得分由 48. 3 分上升至 61. 0 分，上升幅度约为 26. 3%；金融机构实力得分由 18. 5 分上升至 21. 1 分，上升幅度约为 14. 1%；金融市场规模得分由 4. 5 分上升至 46. 5 分，上升幅度为 933%；金融生态环境得分由 59. 8 分上升至 73. 1 分，上升幅度约为 22. 2%，见图 8. 4。

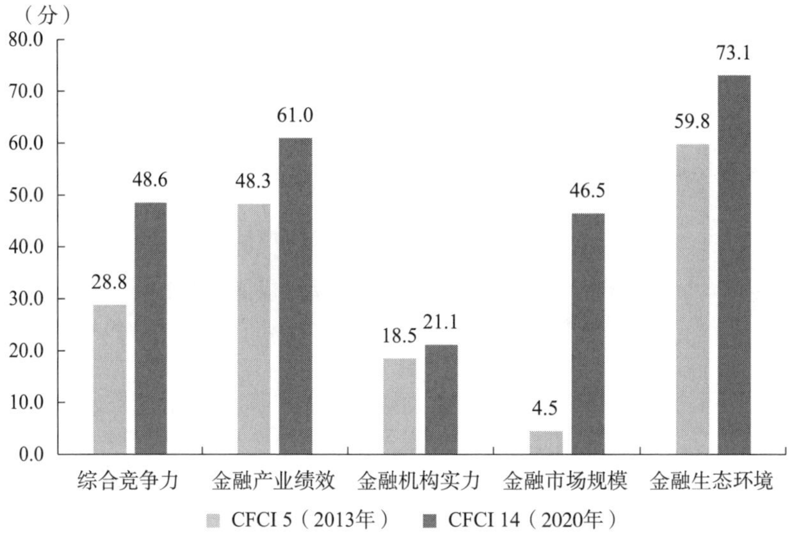

图 8. 4　大连金融中心竞争力得分变化情况

四是大连与国内领先的区域金融中心仍有不小差距。从第 14 期中国金融中心指数来看，大连金融业规模相对较小，与广州、杭州等区域金融中心城市相比差距较大；本地法人金融机构数量明显偏少，资本实力和全国影响力相对较弱；金融生态环境竞争力不足，经济体量规模、外资外贸发展、人才吸引力等方面落后于领先区域金融中心，见图 8. 5。

三、大连区域性金融中心分项竞争力评价

从金融中心四大竞争力领域来看，大连金融市场规模、金融生态环境在东北地区排名第 1 位，金融产业绩效、金融机构实力排名东北区域第 2 位，见表 8. 1。

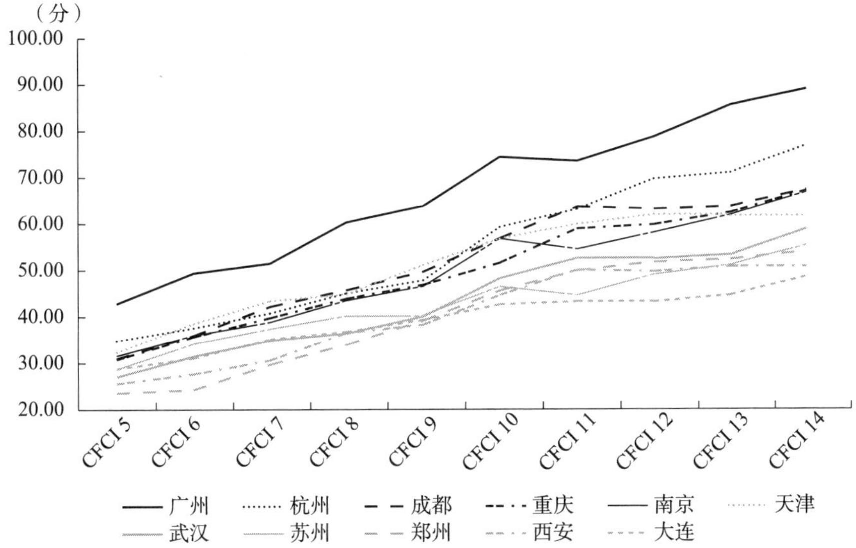

图 8.5　领先区域金融中心得分变化情况

表 8.1　东北区域金融中心在 CFCI 14 中的评价结果

竞争力领域		大连	沈阳	哈尔滨	长春
综合竞争力	得分/分	48.6	35.6	35.2	35.2
	全国排名	14	28	29	30
	区域排名	1	2	3	4
金融产业绩效	得分/分	61.0	55.6	64.5	57.3
	全国排名	30	34	28	33
	区域排名	2	4	1	3
金融机构实力	得分/分	21.1	19.1	21.7	23.5
	全国排名	22	24	20	17
	区域排名	2	3	1	4
金融市场规模	得分/分	46.5	4.4	3.6	2.8
	全国排名	4	27	29	33
	区域排名	1	2	3	4
金融生态环境	得分/分	73.1	69.7	55.6	61.9
	全国排名	20	26	34	30
	区域排名	1	2	4	3

资料来源：第 14 期中国金融中心指数报告。

（一）金融产业绩效评价

“金融产业绩效”是金融产业发展的直接结果体现，也反映了一个城市进行金融中心建设给城市发展带来的利益。金融产业对一个城市的社会经济发展有着重要的推动力，根据产业经济的乘数理论，其推动力的大小依赖金融产业的直接产出，以及金融产业所控制的金融资源。衡量金融产业绩效的指标主要有金融业增加值、金融业从业人员、金融业务规模、金融经济协调度等。

大连金融产业绩效全国排名第30位，东北地区排名第2位，仅次于哈尔滨。2021年大连金融业增加值669.9亿元，占当地GDP的比重8.6%，金融业支柱地位显著，这两项指标略落后于哈尔滨。金融人才资源丰富，金融从业人员总数以及占常住人口比重均居东北区域首位。从银、证、保业务发展来看，大连金融机构本外币存款余额1.7万亿元，仅落后于沈阳的1.9万亿元，而哈尔滨、长春约为1.5万亿元；大连金融机构本地证券交易量3.84万亿元，略低于沈阳的3.91万亿元，明显高于哈尔滨和长春；大连金融机构保险密度（人均保费）5088元，则大幅领先于其他东北区域金融中心，见表8.2。

表8.2　东北区域金融中心金融产业绩效情况

竞争力领域		大连	沈阳	哈尔滨	长春
金融业增加值	金融业增加值数额/亿元	669.9	513.3	682.9	555.3
	金融业增加值占当地GDP的比例/%	8.6	7.1	12.8	7.8
金融从业人员	金融从业人员总数/万人	8.5	7.0	7.7	6.9
	金融从业人员三年平均增长率/%	6.3	0.7	-1.9	11.6
	金融从业人员占常住人口比重/%	1.14	0.77	0.77	0.76
金融业务规模	金融机构本外币存款余额/亿元	17082	19375	14655	15467

续表

竞争力领域		大连	沈阳	哈尔滨	长春
金融业务规模	金融机构本外币贷款余额/亿元	13540	19230	13840	15908
	本地证券交易量/万亿元	3.84	3.91	3.31	1.91
	保费收入/亿元	378	357	382	314
金融经济协调度	存款余额与 GDP 之比/%	218.3	267.3	273.8	217.8
	贷款余额与 GDP 之比/%	173.0	265.3	258.6	224.0
	本地证券交易量与 GDP 之比/%	490.7	539.3	618.5	268.9
	保险深度/%	4.8	4.9	7.1	4.4
	保险密度/元	5088	3912	3859	3459

资料来源：第 14 期中国金融中心指数报告。

（二）金融机构实力评价

“金融机构实力”分项指标评价了一个金融中心的金融市场主体发展概况及其金融业务开展的状况。金融机构通常包括银行、保险、证券、基金、地方金融组织等类别，是城市金融产业的主体。有影响力的金融机构集聚对于推动金融创新和城市金融业的发展起到支撑性作用，一个城市金融机构的综合实力很大程度上反映了这个城市金融竞争力。CFCI 评价体系主要从各类金融机构的规模实力情况评估各金融中心的法人金融机构实力。

大连金融机构实力全国排名第 22 位，东北地区排名第 2 位，同样仅次于哈尔滨。在传统持牌金融机构中，大连保险业机构发展水平明显领先，拥有 3 家法人保险公司，数量最多，并且拥有东北地区唯一一家保险类资产管理公司；本地法人保险公司资产规模达 2751 亿元，而其他东北区域金融中心保险公司资产规模均没有超过 100 亿元。在新兴金融机构中，大连私募基金发展优势突出，私募基金数量 266 只，超过其他金融中心 1 倍。同时，大连金融机构发展仍存在明显短板，比如法人商业银行资产总规模相对落后于区域内其他金融中心；公募基金公司、汽车金融公司、消费金融公司还没有实现零的突破，大连作为大连商品交易所驻地仅有的 1 家法人期货公司也于2022年迁址，见表8.3。

表8.3　东北区域金融中心金融机构实力情况

竞争力领域		大连	沈阳	哈尔滨	长春
商业银行	本地法人商业银行资产总规模/亿元	5838	13344	10005	8922
	商业银行支行数量/家	1177	1172	1203	1180
非银机构	本地法人信托公司数/家	1	0	1	2
	本地法人财务公司数/家	1	0	3	2
	汽车金融公司数/家	0	0	0	1
	消费金融公司数/家	0	1	1	0
证券公司	本地法人证券公司数量/家	1	2	1	2
	本地法人证券公司资产总规模/亿元	92	119	301	809
	证券营业部数量/个	87	98	78	69
公募基金	本地法人公募基金数量/只	0	0	0	0
	公募基金资产管理规模/亿元	0	0	0	0
期货公司	本地法人期货机构数量/家	1	0	2	2
	法人期货机构资产规模/亿元	13	0	3	11
私募基金	私募基金管理人数量/家	73	55	53	57
	私募基金数量/只	266	117	96	118
保险公司	本地法人保险公司数量/家	3	2	1	2
	本地法人保险公司资产规模/亿元	2751	45	55	89
	保险类资产管理公司数量/家	1	0	0	0
地方金融组织	小额贷款机构数量/家	64	74	86	55
	融资租赁机构数量/家	145	89	7	35
	融资担保机构数量/家	53	24	27	64
	商业保理机构数量/家	23	82	1	23

资料来源：第14期中国金融中心指数报告。

（三）金融市场规模评价

金融市场的规模和交易活跃程度是吸引和汇聚金融交易者、金融机构和金融人才的重要因素，对于提升城市金融辐射力起着至关重要的作用。我国金融市场，特别是全国性金融市场高度集中，比如上海集中了全国全部的货币市场、外汇市场、黄金市场、金融衍生品市场、银行间债券市场和大部分的资本市场，深圳、北京也有全国性资本市场，大连、郑州、广州则有全国性期货市场，全国共有以上 6 个城市拥有全国性金融市场。

大连金融市场规模全国排名第 4 位，东北地区排名第 1 位。在第 14 期中国金融中心指数中大连金融市场规模得分仅落后于上海、深圳、北京三大全国性金融中心，超过同样拥有商品期货交易所的郑州、广州，见图 8. 6。

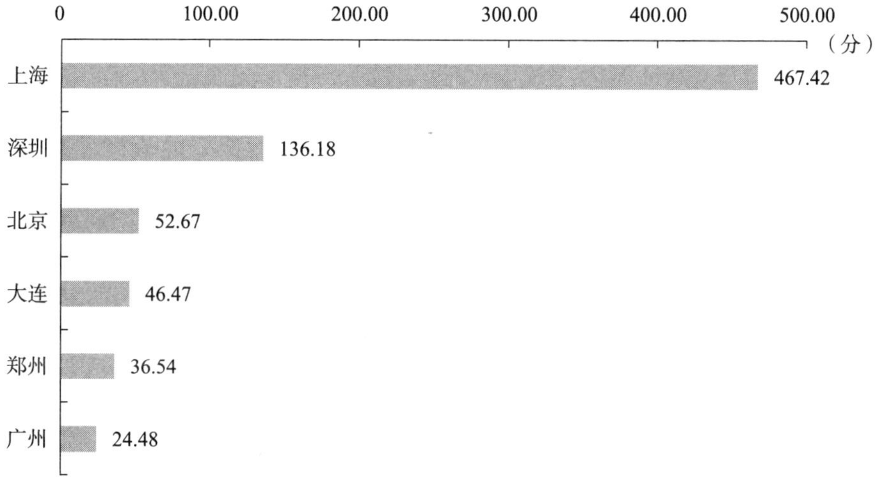

图 8. 6　六大金融中心金融市场规模得分

在金融市场发展的其他领域，大连资本市场利用水平在东北领先，本地 A 股上市公司数、新三板挂牌公司数、本地 A 股市场累计融资额、年度新增股票融资规模指标都在东北领先；而区域股权市场拥有的挂牌公司数则落后于沈阳、哈尔滨，见表 8. 4。

表 8.4　东北区域金融中心金融市场规模情况

竞争力领域		大连	沈阳	哈尔滨	长春
商品衍生品市场	商品期货市场成交额/万亿元	140.35	0	0	0
资本市场利用	本地 A 股上市公司数/家	30	25	29	30
	新三板挂牌公司数/家	55	46	40	25
	年度新增 IPO 公司数/家	3	1	1	4
	本地 A 股市场累计融资额/亿元	1577.6	509.9	793.7	974.0
	年度新增股票融资规模/亿元	65.6	48.8	20.0	56.2
区域股权市场	区域股权市场拥有的挂牌公司数/家	647	2338	1204	63

资料来源：第 14 期中国金融中心指数报告。

（四）金融生态环境评价

城市金融业发展不仅有赖于金融产业本身，更与城市社会经济发展的各个方面息息相关。城市金融业发展的外部环境统称为金融生态环境，是城市金融竞争力的解释性因素。在 CFCI 评价体系中，金融生态环境主要通过经济基础、开放水平、教育环境、医疗环境、生态环境、交通环境、专业服务环境等指标来衡量，是对金融中心发展潜力和发展后劲的反映。

大连金融生态环境全国排名第 20 位，东北地区排名第 1 位。大连经济基础和开放水平优势非常明显，为金融中心建设创造了良好经济基础。大连地区生产总值、人均地区生产总值以及地区生产总值增速 3 项指标均高于其他东北区域金融中心；实际利用外资总额、进出口总额等指标领先优势则非常明显，有利于大连吸引集聚国际金融资源和提升金融开放水平。专业服务环境发展则有待加强，注册会计师人数、专业保险中介机构家数落后于东北其他区域金融中心，见表 8.5。

表 8.5　东北区域金融中心金融生态环境情况

竞争力领域		大连	沈阳	哈尔滨	长春
经济基础	地区生产总值/亿元	7826	7250	5352	7103
	人均地区生产总值/元	105292	79510	54140	78166
	GDP 增速/%	8. 2	7. 0	5. 5	6. 2
开放水平	当年实际利用外资总额/亿美元	16. 7	8. 2	3. 8	4. 7
	当年进出口总额/亿美元	658. 6	219. 5	53. 4	182. 9
	当年国际旅游（外汇）收入/亿美元	0. 6	0. 3	0. 3	0. 5
	接待入境旅游人数/万人次	12. 1	3. 4	3. 6	15. 7
教育环境	普通高等学校在校学生数/万人	38. 2	50. 9	59. 2	55. 3
	普通高等学校数/所	31	45	49	41
	“双一流”高校数/所	2	2	4	2
医疗环境	每万人拥有医院病床数/张	61. 1	74. 6	77. 8	64. 9
	每万人拥有的执业医师数/人	31. 3	36. 9	30. 2	35. 1
生态环境	人均公园绿地面积/平方米	5. 9	9. 0	5. 1	5. 8
	空气质量优良率/%	87. 9	86. 3	84. 9	90. 4
交通环境	城市交通健康指数	58. 2	58. 2	57. 1	51. 7
	每百万人城市轨道交通里程/公里	30. 2	23. 8	7. 9	13. 7
	日航班次数/次	253	310	298	245
专业服务环境	执业律师数/人	4662	6484	2972	2927
	注册会计师（CPA）数/人	1049	1291	1539	1306
	专业保险中介机构数量/家	68	535	306	445

资料来源：第 14 期中国金融中心指数报告。

第九章 芝加哥建设全球衍生品交易金融中心的经验及对大连的启示

一、专业金融中心的定义和特征

中国（深圳）综合开发研究院和英国智库 Z/Yen 集团共同发布的“全球金融中心指数”（Global Financial Centers Index，GFCI）报告将金融中心划分为全球金融中心（Global financial centers）、国际金融中心（International financial centers）、国家金融中心（National financial canters）、区域金融中心（Regional financial centers）和专业金融中心（Niche financial centers）五类。

前四类金融中心主要是根据金融中心的辐射服务范围来分类的，全球金融中心的服务范围覆盖全球，金融市场规模大，种类齐全，人才集中，是金融产品与服务的创新中心和定价中心，扮演着全球金融市场和金融业发展主导者的角色，只有伦敦和纽约可以称为全球金融中心；国际金融中心是开展大量跨境交易和国际业务的金融中心，服务范围跨越至少两个司法管辖区，有很高程度的国际资金、机构和人才的参与，如中国香港、新加坡、东京、法兰克福等；国家金融中心主要为本国经济发展服务，是一国金融市场和金融业务相对集中的金融中心，如上海、汉城、多伦多等；区域金融中心在一国内也属于次一层级的金融中心，主要为一个国家内的某一区域提供金融服务，如墨尔本、休斯敦、温哥华等。

专业金融中心则是以金融资源集聚类型为划分依据，指的是在某一金融领域金融资源集聚水平处于国际领先位置的金融中心。如瑞士苏黎世的私人银行、汉密尔顿的再保险、芝加哥的金融与商品期货期权交易等均处于全球领先地位，是这类业务的营运中心。相对于综合性、全能型的全球、国际或国家金融中心来说，专业金融中心只是在某一金融领域具有显著的优势，在这一特定金融领域集聚大量的金融机构和人才，拥有远超过其他金融中心的业务、市场规模和金融创新能力，以及成为行业标杆影响全球的金融辐射力，见图9.1。

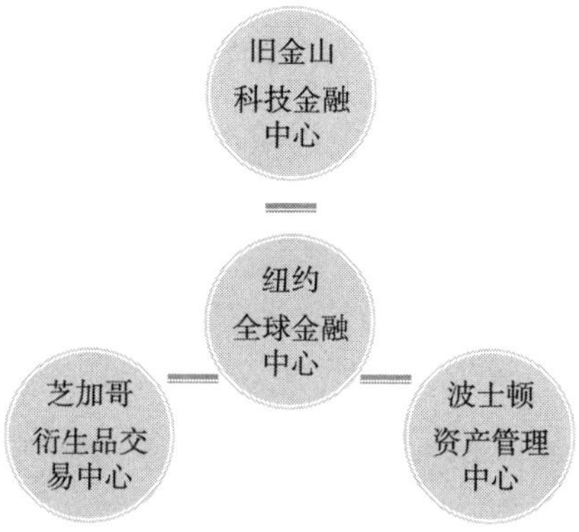

图9.1 美国主要的国际金融中心

专业金融中心与综合性的国际或国家金融中心功能互补，是金融中心体系发展成熟的标志。当前，美国和欧洲都建立了包括专业金融中心在内的多层次和多元化金融中心体系。美国在纽约为全球和国家金融中心的基础上，建立了芝加哥、波士顿、旧金山等若干个专业金融中心。芝加哥凭借其发达的商品期货市场成为世界许多大宗商品的国际定价中心，波士顿是美国最为重要的资产管理业务中心，旧金山则是美国和世界重要的风险投资中心。在欧洲，伦敦占据金融中心的首要地位，提供全方位的金融服务，而其他的金融中心如法兰克福、苏黎世、巴黎、卢森堡、都柏林则形成了较为明显的分工，巴黎作为泛欧交易所总部所在地成为欧洲证券交易中心，苏黎世是欧洲及全球首屈一指的私人银行中心，卢森堡和都柏林则是欧洲最为重要的资产管理与财富管理中心。

从欧美成熟金融中心体系的发展经验来看，专业金融中心的出现存在其必然性。专业金融中心的发展从资源的角度来看，是某一类金融业务相关的金融资源在特定区域的集中，实现了金融资源的合理、高效配置。专业金融中心之所以能够在全能型金融中心之外形成和发展，原因在于专业金融中心能够为特定金融业务的发展提供全能型金融中心难以提供的优越发展环境——尽管某些全能型金融中心，如全球金融中心和国际金融中心，整体的金融发展环境更好，但是对于特定金融领域和金融业务来说，专业金融中心的发展环境反而超越了全能型金融中心。也就是说，在特定的金融领域或金融业务上，专业金融中心具备相对于全能型金融中心的“比较优势”，正是这种“比较优势”吸引了特定金融领域或业务相关金融机构和人才集聚，使得专业金融中心在特定金融领域或业务上取得了国际领先位置。

专栏9.1　金融中心“钱才集聚论”与“法市辐射论”

根据中国（深圳）综合开发研究院长期对金融中心的研究经验，金融中心是各种金融资源相对集聚的场所，其竞争力主要体现为金融资源的集聚力和金融服务的辐射力。

从金融资源集聚来看，金融资源大致可以分为金融资本、金融机构、金融市场、金融信息和金融人才。金融资源集聚核心在于金融资本（钱）和金融人才（才）的集聚，通过“钱、才”的集聚带动其他金融资源的集聚。金融资本（钱）追求高收益、低成本，其有效集聚必然要求本地、腹地经济支撑和综合经营成本比较优势；金融人才（才）追求高收入、高生活品质，其有效集聚必然要求个人收入比较优势和生活服务配套完备完善。此谓“钱才集聚论”，见专栏图9.1。

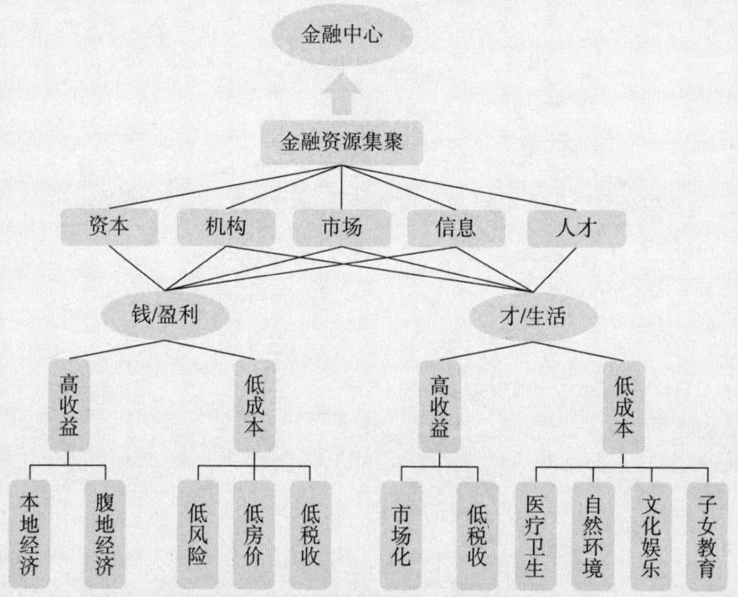

专栏图9.1　金融中心“钱才集聚论”

从金融服务辐射来看，金融服务辐射大致可以分为资本输出、中介服务、产品服务、信息服务和人才输出，金融中心对外服务和辐射的主体主要是本地法人机构和金融市场。本地法人机构依托设立异地分支机构，输出金融产品和服务，同时向本地归集更多的资本利得；本地金融市场以中介服务、产品服务、信息服务、人才服务等方式，服务本地及异地市场投资者、参与者，同时向本地归集更大的金融资源。通过辐射，金融中心可以得到服务腹地经济所带来的部分利润和税收，以及金融资本、信息等金融资源，这是金融中心发展壮大的另一主要途径。此谓“法市辐射论”，见专栏图9.2。

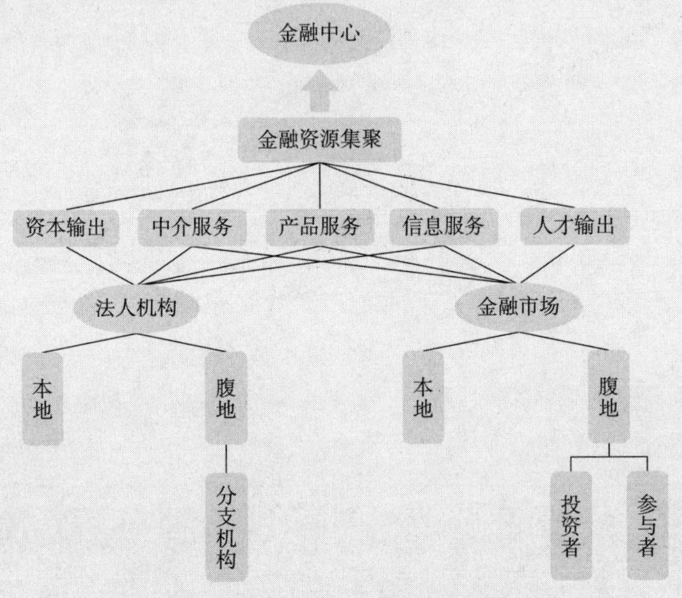

专栏图 9.2 金融中心“法市辐射论”

二、芝加哥作为衍生品交易专业金融中心的发展

（一）发展概况

芝加哥位于美国中西部密歇根湖的南部，在 2022 年 9 月发布的第 32 期全球金融中心指数（GFCI）中，芝加哥金融中心进入全球金融中心前 20 行列，排名全球第 12 位。如果说纽约是综合性的全球金融中心，那么芝加哥则是专业性的全球衍生品交易中心，见表 9.1。

表 9.1 GFCI 32 全球排名前 20 位的金融中心

中心	GFCI 32		GFCI 31		较上期变化	
	排名	得分/分	排名	得分/分	排名	得分/分
纽约	1	760	1	759	0	▲1
伦敦	2	731	2	726	0	▲5

续表

中心	GFCI 32		GFCI 31		较上期变化	
	排名	得分/分	排名	得分/分	排名	得分/分
新加坡	3	726	6	712	▲3	▲14
香港	4	725	3	715	▼1	▲10
旧金山	5	724	7	711	▲2	▲13
上海	6	723	4	714	▼2	▲9
洛杉矶	7	722	5	713	▼2	▲9
北京	8	721	8	710	0	▲11
深圳	9	720	10	707	▲1	▲13
巴黎	10	719	11	706	▲1	▲13
首尔	11	718	12	705	▲1	▲13
芝加哥	12	717	13	704	▲1	▲13
悉尼	13	716	23	682	▲10	▲34
波士顿	14	715	14	703	0	▲12
华盛顿	15	714	15	702	0	▲12
东京	16	713	9	708	▼7	▲5
迪拜	17	712	17	691	0	▲21
法兰克福	18	711	16	694	▼2	▲17
阿姆斯特丹	19	710	19	687	0	▲23
日内瓦	20	709	25	678	▲5	▲31

资料来源：第 32 期全球金融中心指数报告。

（二）发展历程

1848 年，全球第一个期货交易所芝加哥期货交易所（Chicago Board of Trade，CBOT）成立，诞生了现代意义上的期货交易。1898 年，芝加哥另一个期货交易所芝加哥商业交易所成立。作为美国中西部重要的粮食产地和集散地，芝加哥期货交易所（CBOT）和芝加哥商业交易所在发展初期以农产品期货为主，随着农产品期货体系逐渐丰富，影响范围不断扩大，玉米、大豆、小麦、冷冻猪肉、活牛等品种的期货价格不仅成为美国农业生产加工的重要参考价格，而且成为国际农产品贸易中的定价基准。

20世纪70年代后，芝加哥期货市场捕捉到世界经济和金融形势的新变化，芝加哥期货交易所（CBOT）、芝加哥商业交易所先后推出了中、长期美国政府债券、股票指数、市政债券指数、黄金和白银等金融期货品种，扩大交易内容和交易量；芝加哥期货市场还敏锐地认识到期权交易的重要性，1973年由芝加哥期货交易所（CBOT）的会员所组建的芝加哥期权交易所（Chicago Board Options Exchange，CBOE）成为世界上第一家以期权产品为主的交易所。在此之前，期权在美国只是少数交易商之间的场外买卖。CBOE建立了期权的交易市场，推出标准化合约，使期权交易产生革命性的变化。芝加哥期权交易所（CBOE）正式成立，标志着期权交易进入了标准化、规范化的全新发展阶段。自2000年以来，全球期权交易发展更加迅猛，美国期货业协会的统计数据表明，从2001年起，全球场内期权的交易量就连续超过了期货。

2006年，美国芝加哥城内的两大交易所——芝加哥商业交易所与芝加哥期货交易所（CBOT）——正式合并，由此诞生了迄今为止全球最大的期权和期货交易所——芝加哥商业交易所集团（CME Group）。2008年，芝加哥商业交易所集团（CME Group）收购纽约商业交易所（New York Mercantile Exchange，NYMEX）和纽约商品交易所（Commodity Exchange，COMEX）两大交易所运营公司纽约商业交易所控股公司（NYMEX Holdings），芝加哥商业交易所集团（CME Group）成为拥有芝加哥商业交易所、芝加哥期货交易所（CBOT）、纽约商业交易所（NYMEX）和纽约商品交易所（COMEX）4个交易所的交易所集团，合并机构的营运总部仍然设于芝加哥，见图9.2。

在芝加哥商业交易所集团（CME Group）的统一协调下，CME、CBOT、NYMEX和COMEX提供涵盖基于利率、股票、股指、外汇、能源、农产品、金属、天气和房地产等主要资产类别的期货和期权产品，同时芝加哥商业交易所集团（CME Group）还致力于提供场外产品和服务，向市场提供创新的风险管理解决方案，强强联手的合并进一步稳固和提升了芝

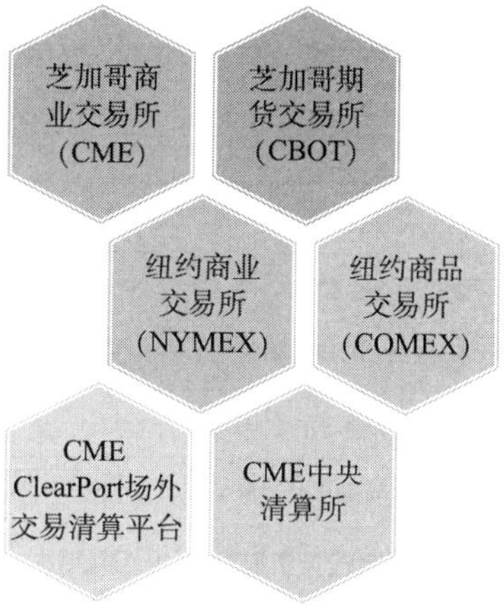

图 9.2　芝加哥商业交易所集团（CME Group）架构示意图

加哥期货和期权交易中心的地位。

根据美国期货业协会的最新统计，2022 年芝加哥商业交易所集团（CME Group）衍生品交易达到 58.46 亿手，居全球第 3 位。如果再计入排名全球第 4 位的芝加哥期权交易所集团（CBOE Group）的交易量，2022 年芝加哥两个交易所集团（CME Group、CBOE）场内衍生品交易量达到 93.22 亿手，超过中国国内郑州商品交易所、大连商品交易所、上海期货交易所（含上海国际能源交易中心）、中国金融期货交易所 4 个衍生品交易所的交易量之和（67.68 亿手），见表 9.2。

表 9.2　全球场内衍生品成交量交易所排名

2022 年排名	2021 年排名	交易所	成交量/亿手	同比增长/%
1	1	印度国民证券交易所（NSE）	381.14	120.88
2	2	巴西圣保罗证券期货交易所（B3）	83.14	-5.05
3	3	芝加哥商业交易所集团（CME Group）	58.46	18.28
4	6	芝加哥期权交易所（CBOE）	34.76	12.29
5	4	洲际交易所	34.35	3.53
6	5	纳斯达克集团（NASDAQ Group）	31.48	-4.41
7	12	伊斯坦布尔交易所（BIST）	27.27	31.03

续表

2022年排名	2021年排名	交易所	成交量/亿手	同比增长/%
8	7	郑州商品交易所（ZCE）	23.98	-7.15
9	9	大连商品交易所（DCE）	22.75	-3.77
10	10	韩国交易所（KRX）	20.58	-9.80
11	13	德意志交易所集团（DBG）	19.75	15.00
12	8	上海期货交易所（SHFE）	19.43	-20.54
13	14	印度孟买证券交易所（BSE）	16.09	0.09
14	15	迈阿密国际证券交易所集团（MIAX）	12.99	-2.90
15	11	莫斯科交易所（MOEX）	12.68	-39.65
16	16	多伦多证券交易所集团（TMX Group）	7.61	24.12
17	17	香港交易所集团（HKEX）	4.55	4.98
18	19	日本交易所集团（JPX）	3.92	17.54
19	18	台湾期货交易所（TAIFEX）	3.84	-1.97
20	26	阿根廷期货交易所（MATba ROFEX）	3.00	131.37

资料来源：美国期货业协会。

专栏9.2　国内交易所与CME Group品种交易额比较

对比郑州商品交易所（ZCE）、大连商品交易所（DCE）、上海期货交易所（SHFE，包含上海国际能源交易中心INE）与芝加哥商业交易所集团（CME Group）都有交易的品种来看，芝加哥商业交易所集团（CME Group）在小麦期货、大豆期货、玉米期货、原油期货、黄金期货方面交易绝对量都领先于中国国内交易所，白银期货、豆粕期货与中国国内绝对交易量相差不大，豆油期货、热轧卷板期货绝对交易量则明显落后于中国国内交易所，见专栏表9.1。

专栏表 9.1　中国国内交易所与 CME Group 品种交易额比较

期货种类	国内交易所/万吨，亿桶	CME Group/万吨，亿桶	中国国内/CME Group/%
小麦期货	93. 97	352995. 7	0. 03
大豆期货	34858. 32	703403. 2	4. 96
玉米期货	134357. 5	989090. 2	13. 58
原油期货	535. 81	2059. 98	26. 01
黄金期货	3. 9	16. 88	23. 10
白银期货	283. 16	265. 57	106. 62
豆粕期货	325094. 5	255634. 8	127. 17
豆油期货	183506. 4	81140. 61	226. 16
热轧卷板期货	142061. 1	473. 25	30018. 19

资料来源：美国期货业协会。

（三）发展经验

一是芝加哥发展成为美国期货交易和定价中心，与芝加哥的商贸物流业发展相辅相成。芝加哥交通运输业非常发达，被称为“美国的动脉”：1848 年，连接大湖区和密西西比河水系的伊利诺伊—密歇根运河和贯穿东西部的铁路竣工后，芝加哥就已成为美国重要的水陆交通枢纽；芝加哥奥海尔国际机场（O’Hare International Airport）是世界上较繁忙的机场之一，其飞机流量、旅客人数、货物吨位均位于美国乃至世界的前列，每年接待乘客 6900 万人次；芝加哥拥有 37 条铁路干线，每日约有 3. 5 万节货车来往，还有 200 个货车站、4 个货运港口、8 条城郊铁路和 1013. 8 千米长的高速公路通向市中心，运输快速方便；芝加哥港口是美国最大的港口之一，也是世界上最大的一个内陆港口，可取道圣劳伦斯内河航道直达欧洲，也可取道密西西比河提供通往墨西哥湾的驳船运输。正因为良好的交通物流条件，芝加哥在 19 世纪就成为美国中西部地区的主要城市和农产品集散地。在20世纪70年代以前，芝加哥期货交易所（CBOT）的几乎所有主要交割库都位于芝加哥。CBOT对交割仓库的设立通常是指定一个区域，在此区域内能达到标准要求的仓库都可以开展交割业务。例如，CBOT小麦（软红冬麦）交割仓库在早期全部集中在芝加哥，就是因为芝加哥作为连接软小麦主产区的集散地，库存和流通量很大，可以满足交割需求。而正是因为交割地集中于芝加哥，又产生了大量交通物流和商业贸易需求，推动了芝加哥商贸业的发展和城市的繁荣。在19世纪，芝加哥是当时世界上人口增长较快的城市之一，1900年城市人口已超过100万人，成为美国中西部地区的较大城市之一。根据美国商务部经济分析局（BEA）的相关统计，芝加哥都会区（Chicago - Naperville - Elgin Metropolitan Statistical Area）是仅次于纽约都会区、洛杉矶都会区的美国第三大都会区，2021年城市人口960万人，GDP则高达7645.83亿美元。

二是芝加哥从两大交易所设立起，期货市场的创新与发展都同芝加哥紧密联系在一起，从商品期货到金融期货，从期货到期权，芝加哥一直引领世界期货期权等衍生品市场的发展。比如，最开始从农产品衍生品起步，根据世界经济和金融形势的新变化，推出了中、长期美国政府债券、股票指数、市政债券指数、黄金和白银等商品类、金融类、指数类期货品种，不断扩大交易内容和交易量；芝加哥期货交易所（CBOT）的会员组建了世界第一家以期权产品为主的交易所，首次实现期权的标准化合约及场内交易买卖，使期权交易产生革命性的变化。

三是芝加哥注重期货市场与金融业及其他产业的协同发展，在期货交易所的强大支撑引领下，金融业及专业服务业成为芝加哥重要的支柱和主导产业。芝加哥也是美国一些大银行和大金融机构的总部和分支机构所在地，它拥有300多家美国银行、40家外国银行的分行和16家保险公司，各种金融资产总额居美国联邦储备委员会12个管区的第3位。2021年，芝加哥都会区金融保险业（Finance and Insurance）增加值796.06亿美元，占GDP比重达到10.4%；与金融保险业高度相关的专业服务业（Professional and Business Services）增加值达到 1199.47 亿美元，占 GDP 比重达到 15.7%；两者合计占比达到 26.1%。批发及零售业（Wholesale Trade & Retail Trade）或商贸行业（Trade）增加值 1085.92 亿元，占芝加哥都会区地方生产总值的 14.2%，也是芝加哥重要的支柱产业，这也与芝加哥期货市场在都会区设立大量交割库有关，见表 9.3。

表 9.3　芝加哥都会区产业构成情况

序号	产业	产业增加值/百万美元	所占 GDP 比重/%
1	金融保险业	79606	10.4
2	专业服务业	119947	15.7
3	制造业	88636	11.6
4	房地产业	96983	12.7
5	批发零售业/商贸行业	108592	14.2
6	其他	197714	35.4
7	合计	657589	100

资料来源：美国期货业协会。

三、芝加哥专业金融中心对大连的启示

（一）我国已经具备发展专业金融中心的可行性

专业金融中心的形成和发展，是欧美金融中心体系走向成熟和更具效率的重要一环。随着我国经济的崛起，专业金融中心的必要性更加凸显出来，大力发展专业金融中心，实现金融资源优化配置，并以此实现在特定金融领域对发达国家的赶超，将大大增强我国经济和金融的国际竞争力，保障社会经济健康稳定发展。

一是发展专业金融中心有利于我国金融中心之间形成有效率的竞合关系，促进金融中心体系的快速发展。不同专业金融中心之间在功能和资源上具有良好的互补关系，专业金融中心的发展将打破我国目前各大城市争

建区域性金融中心而导致的恶性竞争严重和发展效率低下的局面，促使金融中心之间形成“竞争与合作并存、以合作为主”的良好关系，提高金融资源集聚和金融中心发展效率。

二是发展专业金融中心有利于我国在金融工具及大宗商品的全球定价上发挥更大的作用。专业金融中心所构建的专业化金融产品和金融服务交易市场蓬勃发展，一旦具备世界影响力，将成为金融工具及大宗商品的全球定价中心，对于巩固和提升专业金融中心所在国家的国际竞争力具有重要作用，如“芝加哥价格”已经成为全球农产品现货及期货交易的准绳。我国正在崛起为一个经济强国和金融强国，但从目前来看，我国在金融工具及大宗商品的全球定价和金融交易相关的国际准则及政策的制定上所能发挥的作用还很有限，通过发展专业金融中心和专业化的金融产品市场获得金融工具及大宗商品的全球定价上的国际话语权是我国金融业发展的必经之路。

三是发展专业金融中心有利于提升金融集聚效应和金融创新能力。专业金融中心在其发展过程中，将产生极大的聚集作用。专业金融中心在某一金融领域的领先优势使之成为相关金融资源流入金融中心的首选之地，是特定金融领域、金融机构和金融人才最为集中的场所。金融机构和人才在空间上的集聚有利于形成竞合效应，通过加剧竞争而提升经营效率，通过合作而形成资源共享效应、协同效应和区位品牌效应等。这些集聚效应的产生，又可吸引新的金融机构进入，从而进一步增强集聚效应，形成良性循环，推动金融资源的不断积聚，带动专业金融中心的进一步发展。同时，专业金融中心的金融创新能力也明显优于其他地方。专业金融中心汇集的同类金融机构众多，各金融机构之间的竞争日益激烈。为在市场竞争中立于不败之地，各金融机构在改进服务质量、完善自身发展的同时，不断推出满足客户需求的金融工具和交易方式，专业金融中心也将成为特定金融领域的金融创新中心，而专业金融中心的发展也将促进我国金融创新能力的提升。

四是发展专业金融中心有利于构建专业化和集中化交易市场，满足社会经济发展需求。专业金融中心既包括金融产品与服务的需求方和消费方，又包括金融产品的供给方和生产方，供求关系的大量聚集形成市场，大量金融产品与服务的生产与消费活动构成了专业金融中心金融产品与服务的交易量。专业化的金融中心的发展将促进专业化和集中化金融产品市场的形成和发展，提供更加多元化金融产品和金融服务，实现资金资产资源的有效配置，满足社会经济发展的金融服务需求。例如，美国高新技术产业的代表——硅谷成功的首要因素是得到了旧金山湾区这一美国风险投资中心丰富发达的风险资本和完善的金融服务体系支持。旧金山湾区人口占美国总人口的3%左右，但在过去几年中却吸引了全美超过30%甚至50%的风险投资，全美600多家风险投资企业中近半数将总部设在旧金山硅谷。在任何时候，总有两三千位风险资本家在硅谷寻找下一个“机会”。旧金山这一以风险投资业务为核心的专业金融中心为硅谷高新技术企业提供了从创始期到扩张期，再到成熟期的各类风险资本，为硅谷的发展提供了源源不断的资金和资本动力。

五是发展专业金融中心有利于地区和国家实现产业结构调整和升级。金融业作为现代产业的核心，其发展程度及其所占区域和国家经济比重本身就是产业结构高级化的衡量标准。此外，专业金融中心具有较完善的市场机制、竞争机制及信息、资金条件，为经济结构调整提供了较好的环境，有助于推动地区和国家产业结构升级和经济持续增长。一方面，专业金融中心可以促进当地金融及相关产业的发展。专业金融中心将刺激当地金融市场与基础设施的发展，创造更多的金融业以及法律、会计、通信等行业的就业机会，同时促进金融业相关的产业，如交通运输业、房地产业、信息媒体产业等的发展，从而有助于推进产业结构的优化升级。另一方面，专业金融中心可以促进当地市场与国内外市场接轨。专业金融中心不仅会吸引区外和国外的金融机构与资金流量，而且还会汇集来自国内外有关金融、贸易和行业的信息流量，为地区和国家经济及金融领域实现对发达国家的赶超提供人才、资金、信息等资源保障。

从发达国家和地区金融中心的发展经验来看，专业金融中心是一个成熟金融中心体系不可或缺的重要一环，不应当成为我国金融中心发展的短板。在我国建设一个包括专业金融中心在内的多层次、多元化金融中心体系，对于提升我国的金融创新和金融工具全球定价能力，加快产业结构调整和升级，以及提升我国在经济和金融领域的国际竞争力等方面具有十分重要的战略意义。同时，我国专业金融中心的发展基础，日益增强的多元化金融服务市场需求以及各级政府对金融业发展的政策支持，表明在我国形成一定数量的“国家级”专业金融中心乃至“世界级”专业金融中心具备良好可行性。

（二）借鉴芝加哥经验，大力推进大连区域性金融中心专业化、国际化、高能级发展

把大连建设成为衍生品交易专业金融中心意义重大，同时有较好的可行性。从宏观经济看，我国是大宗商品进口大国，稳定的货源和合理的进口价格对于国家经济安全至关重要。商品衍生品市场具有“风向标”“压舱石”作用，在稳定国际大宗商品贸易供应链、参与全球经济治理、维护国家经济稳定运行等方面可以积极作为，助力畅通双循环新发展格局。从产业经济看，衍生品交易所在助力产业企业做大做强、提升资源整合能力和创新发展能力等方面功能发挥空间广阔。纵观全球大型生产和贸易企业，无不紧紧依托期货等衍生品市场，扩大贸易规模，参与全球分工协作，提高全球资源配置能力。只有风险端控制住了，产业企业才具备实现持续稳健发展的基础。从区域经济看，大连商品交易所坐落在辽宁，使辽宁和东北成为全球金融衍生品市场体系中的重要一环。通过大连商品交易所遍及大江南北的会员、投资者、指定交割仓库，以及与境外 20 多个国家和地区交易所的信息交流与合作，与国内外各个行业企业、各类金融机构、信息技术服务商等建立起广泛的经济联系。随着大连商品交易所品种不断丰富，各种衍生工具不断健全，场内场外市场协同发展，大连商品交易所服务实体经济的能力将不断提升，在金融、商贸、物流、航运等领域的辐射和带动作用也将进一步显现和放大。

借鉴芝加哥建设国际化衍生品交易专业金融中心的经验，大连可依托大连期货市场发展创新，专业化、国际化建设大连区域性金融中心，大力提升大连金融中心国内外竞争力和发展能级。

一是要支持大连商品交易所加快创新和发展。目前，我国期货市场的交易品种数量较少，仍与芝加哥商业交易所集团等全球其他成熟的期货市场存在较大的差距。随着期货市场的发展，期货品种的扩容和期货市场结构的改善将是我国期货市场的主要发展趋势。目前，大连商品交易所上市交易期货品种相对集中于农副产品领域，未来可以有序地开展能源、化工、油脂油料、指数、碳排放等板块或领域的期货品种研发，进一步推动期权品种的上市，不断创新大连期货市场期货期权交易品种。除了场内交易品种的创新，还需要推进场外衍生品、期现结合业务发展，进一步提升大连期货市场对东北地区乃至全国的服务能力和辐射能力，实现依托大连商品交易所高质量建设大连区域性金融中心的战略部署。支持大连商品交易所对标国际一流期货市场，探索利用区块链等先进技术提升交易和结算效率、安全水平等，打造新一代金融资产交易平台。

二是要构建期货衍生品交易特色的大连金融产业链和生态圈。伴随着期货市场的规模扩张和创新发展，期货产业发展前景十分广阔。一方面，业务模式更加多元化。近年来，我国期货行业规范程度的快速提升为各类创新业务的推出和开展奠定了坚实的内在基础，监管部门已推出并着手筹备多项期货创新业务，期货公司代理基金销售业务、期货投资咨询业务、资产管理业务及通过设立子公司开展的风险管理业务等创新业务已逐步开展。另一方面，竞争形态更加差异化。随着各类创新业务不断推出，我国期货公司的特色化经营特点将逐步凸显。各家期货公司将能够根据自身产品和服务优势、股东背景、区域特征等因素确立战略发展重心，打造核心竞争力。期货公司的特色化经营将推动行业内部形成细分市场，改变目前以手续费率为主要竞争手段的局面，推动行业由同质化竞争向差异化竞争转型，有利于管理理念先进、业务模式多元、综合服务能力较强的期货公司制定科学的差异化竞争战略，打造特色化的核心竞争优势。大连可以依托大连商品交易所加快引进培育期货公司及子公司，吸引集聚私募基金、私人银行、财富管理、资产托管、资产评估、会计、律师等金融业和专业服务业，打造以期货为特色的金融链和生态圈。

三是要推进大连期货市场与国际贸易中心、国际航运物流中心、先进制造业等本土实体经济联动协调发展。从芝加哥案例可以看到，芝加哥在19世纪就是美国中西部地区的主要城市和最大农产品集散地，芝加哥期货交易市场发展与芝加哥商贸、物流业发展密不可分，相辅相成。大连可以围绕大连自贸区、大连东北亚国际航运中心和东北亚国际物流中心建设，支持大连商品交易所通过上市大宗期货品种、优化交割库布局和规范交割库管理，提高期货交割商品的标准化程度，为自贸区、港航、物流提供需求，扩大北粮南运等大宗商品流通，推动港口提升管理水平，通过研发上市航运运费衍生品期货，为国际航运中心建设提供有效的金融支持等。此外，大连还可以结合东北装备制造业、先进制造业发展和产业转型升级需求，创新工业原材料、中间件相关期货期权产品，提升制造业发展物资保障能力，助力新一轮东北振兴。

四是要提升大连期货市场和金融业国际化水平。国际大宗商品遵循“一价定律”，要么自身成为国际大宗商品的定价中心，要么接受国际上其他市场形成的价格。因而，国际化是期货市场及期货产业发展的必然路径。2022年，《期货和衍生品法》正式实施，特别是对“期货跨境交易”做出了进一步的明确规定，期货市场对外开放和期货公司国际化业务有望得到进一步拓展。同时，在国际政治经济环境复杂多变的背景下，“走出去”的中国企业利用期货和衍生品市场进行风险管理的需求显著增加，也对期货市场和期货行业国际化提出了更高要求。大连应创造条件支持大连商品交易所以技术输出、股权合作等方式建设东北亚地区、“一带一路”沿线及境外其他地区期货交易市场，结合东北亚地区产业需求和资源禀赋建设商品期货交割库，扩大大连期货市场服务范围和延伸期货产业链条。支持期货公司、金融机构等期货经营机构在充分挖掘国内市场潜力的同时，将战略目光投向海外市场，积极进行海外市场的网点和业务布局，一方面引领国内投资者“走出去”，在国际期货市场的竞价过程中充分表达中国的价格信息；另一方面将海外投资者“引进来”，促进我国期货市场投资者背景的多元化，推动大连期货市场作为国际大宗商品定价中心的建设。

第十章 大连建设国际大宗商品交易定价中心的策略与路径研究

一、明确大连“国际大宗商品交易定价中心”专业功能定位

从芝加哥的发展经验可以看出，专业金融中心发展具有很强的“路径依赖性”：一旦金融中心确立了某个特定领域的比较优势、领先优势，这一特定领域的金融资源将持续集聚、金融创新将层出不穷，从而进一步提升金融中心在该特定领域的领先优势。

《大连区域性金融中心发展“十四五”规划》明确提出大连将建设“四大中心”，其中包括“国际大宗商品定价中心和风险管理中心”。在大连金融中心建设的专业功能定位上，结合大连金融中心建设的基础条件和面临的市场环境，我们认为应把大连金融中心建设成为“中国特色鲜明、功能显著的国际大宗商品交易定价中心”，其核心功能可包括“三中心、一高地”，即国际化多层次大宗商品交易中心、国际化特色基金与财富管理中心、国际化贸易物流金融创新中心和我国面向东北亚金融开放高地。

通过“三中心、一高地”建设，重塑金融中心建设制高点，有效服务区域经济发展，与国内其他领先金融中心形成错位竞争和协同发展，在全国率先探索出一条金融支持国际贸易、物流、航运中心建设和产业转型升级的有效途径，显著提升金融发展效率，优化金融市场结构，提升金融服务质量，降低融资成本，扩大融资规模，优化金融生态环境，打造交易便捷、服务高效、创新活跃、安全稳定的金融体系，为全国金融创新发展提

供良好示范。

（一）建设国际化多层次大宗商品交易中心

推进大连商品交易所增加场内交易品种和引进国际期货投资者，鼓励各类期货经营机构依托场内交易创新发展场外衍生品业务，巩固和提升大连商品交易所服务实体经济能力和世界领先商品交易所地位；依托大连商品交易所在风险管控、金融人才、专业经验、托管清算等方面的优势，围绕粮食、木材、矿产等东北及东北亚具有资源优势、可形成影响力和定价权的大宗商品，大力建设一批介于期货与现货之间的电子化大宗商品交易平台；围绕大宗商品交易交割和实体经济发展需求，高水平建设一批大型现货批发市场和大型仓储基地，推动期货和现货交易协同发展，打造"期货+现货、场内+场外、线上+线下、交易+交割"的全功能期货交易交割平台和大宗商品交易平台，建成境内境外流通融合、高效便捷的国际化大宗商品交易中心，提升"大连价格"的国际影响力。

专栏 10.1　多层次大宗商品市场建设

在我国，基础现货市场位于金字塔最底层，功能局限在商品流通，受到时间和空间的限制，交易效率低且影响力有限，无法满足实体经济对市场价格快速反应的需求。而期货市场处于大宗商品交易市场体系金字塔顶端，主要承担套期保值和价格发现的功能，商品供求和流通属性有所弱化，且商品期货交易品种不足，标准化程度较高，无法满足市场多层次、多样化的需求。作为中间环节的大宗商品现货电子交易平台则刚好弥补了上述两个层次市场的不足：相对于基础现货市场，交易更为活跃，交易主体对市场波动更为敏感，可以更好实现交易定价、风险管理、商品流通和服务产业等功能；相对于期货市场，通过采用互联网及信息技术，通过与期货市场进行仓库互认、仓单互通、信息共享实现有效对接，打通场内套保到场外贸易之间的界限，有效解决期货市场贸易流通功能弱、与现货市场对接不足等问题。从发达国家衍生品市场的发展经验看，代表性和流通性良好的场内商品衍生品市场，可以为场外商品市场发展创造良好条件，形成多层次市场体系，见专栏图10.1。

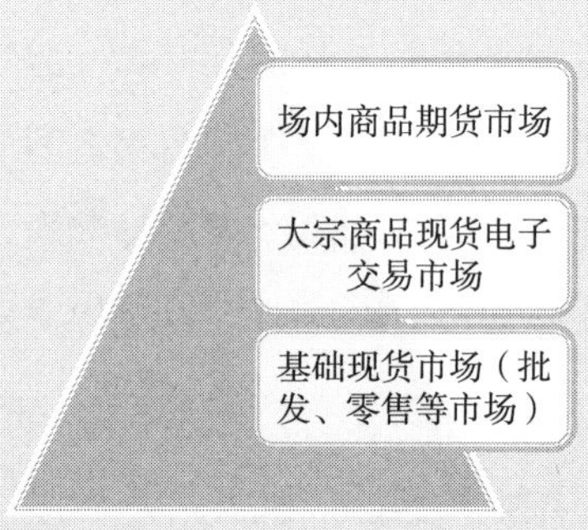

专栏图10.1　大宗商品市场三层次结构

（二）建设国际化特色基金与财富管理中心

把握我国财富管理市场蓬勃发展机遇，围绕大连期货及大宗商品交易市场建设，大力发展大宗商品投资基金、期货投资基金（商品交易顾问）、供应链基金、宏观对冲基金、避险策略基金、基础设施基金、重点产业领域产业基金等特色基金产业，营造良好的基金管理和资本增值环境，引入集聚一大批国内国际优秀基金管理机构，支持基金管理机构以大连为中心服务东北地区及全国市场，从而形成具有全国影响力的特色基金及基金管理机构集聚中心。

（三）建设国际化贸易物流金融创新中心

顺应国家利率汇率市场化、多层次资本市场建设、金融业准入市场化等金融改革趋势，围绕商贸流通、大宗交易、国际贸易、电子商务、高端消费等商贸流通行业发展的实际金融需求，大力推进金融产品、金融服务、金融市场、金融组织、金融制度、金融业态等金融创新，加快供应链金融、贸易金融、融资租赁、商业保理、物流保险、消费金融、科技金融等金融机构或金融业务发展，争取在金融服务商贸、物流、航运等产业发展方面走在国内前列，形成一大批可复制推广的金融创新成果，提升大连金融中心的国家战略地位，增强创新先锋作用。

（四）建设我国面向东北亚金融开放高地

把握国家实施“一带一路”倡议建设和人民币国际化战略等机遇，发挥大连区位、港口、交通、自贸区建设等优势，大力加强与东北亚、“一带一路”沿线等国家和地区的金融合作，积极争取各类国际金融机构入驻大连，吸引各类国际金融机构参与本地金融市场和与本地法人金融机构开展股权、业务、人才等领域的合作，大力提升大连金融中心的国际化水平和影响力，将大连打造成为我国连接东北亚及“一带一路”沿线国际金融体系的重要门户。

专栏 10.2　大连规划建设国际大宗商品定价中心和风险管理中心

《大连区域性金融中心发展“十四五”规划》(以下简称《规划》)提出，到2035年建成国际大宗商品定价中心和风险管理中心，基本实现对国内外大宗商品和要素资源的有效配置。在发展路径方面，《规划》提出，支持期货品种和业务创新，支持大连商品交易所上市东北亚区域战略性大宗商品期货品种和与东北亚国家贸易、航运、物流相关的衍生产品，加强与地区国家股指类衍生品市场的合作。扩大国际化品种，优化境外投资者引入机制，加快建成境内境外连通的国际定价中心，支持境外企业参与大连商品交易所相关品种完税交割，提升大连期货价格的全球辐射力；支持大连商品交易所建设大宗商品仓单登记中心，推动实现与中国人民银行动产融资统一登记公示系统的双向同步对接，服务大宗商品定价中心建设及融资；支持大连商品交易所拓展深化“保险+期货”试点，扩大“保险+期货”规模，探索政府、银行、担保机构建立“保险+期货”风险分担机制，创新保单质押融资模式。打造高质量期现一体化服务新模式，加快大连商品交易所“一圈两中心”建设，打造场外市场大宗商品生态圈、大宗商品交易中心和价格信息中心；围绕各品种圈产业企业需求，依靠产业企业引入高新技术、金融机构、仓储物流质检公司及相关产业组织，应用区块链、物联网、大数据、云计算等新技术，探索提供融资、保险、仓储、物流、质检等配套服务，综合降低产业企业经营和风险管理成本；支持龙头企业在套期保值及期现结合业务方面做出经验，推动现货产业经营方式转变，营造期货市场发展的良好产业生态；推动引进期货公司风险管理子公司、产业服务商等机构及期货、大宗商品交易相关人才，搭建相关业务、交流平台，吸引更多人流、信息流和资金流，丰富大连金融业态，营造期现融合发展的大环境。完善支持大连商品交易所发展的保障体系，支持大连商品交易所数据中心规模化、集中化建设，建成辐射全国的数据中心基础设施。提升大连商品交易所市政基础设施安全保障标准和能力，加强期货大厦、同城数据中心等基础设施的供电和通信保障，将大连商品交易所供电外网纳入市政最高等级管理，保障大连商品交易所信息技术系统安全高效运行；支持大连商品交易所在连举办期货、衍生品、投资基金等国际化高端论坛，形成大连商品交易所与大连重大战略协同机制；进一步加大对期货新业务和高端人才等方面的支持力度。

二、依托大连商品交易所构建多层次大宗商品交易市场

大连商品交易所是交易量排名世界前列的商品交易所，这是大连发展专业金融中心的核心优势所在。大连金融中心建设应依托大连商品交易所积极构建多层次、多元化商品交易市场，创新期货现货、场内场外结合模式，进一步巩固和提升大连金融中心在金融市场领域的领先优势。

（一）推动大连商品交易所创新发展

积极推进大连商品交易所增加场内交易品种。鼓励大连商品交易所实施品种创新战略，紧紧围绕实体经济的金融需求，争取上市更多商品期货及期权品种，进一步扩大期货产品覆盖行业，推进产品系列在现有品种基础上进一步向产业链上下游延伸，不断拓宽场内期货、期权市场服务实体经济的领域，鼓励支持更多实体企业利用期货、期权市场有效管理经营风险。推动更多特色战略性品种上市，大力开发与东北亚资源禀赋及贸易、航运、物流相关的大宗商品衍生品。

积极推进大连商品交易所发展场外业务。大连商品交易所场内市场发展为场外衍生品业务和市场提供了快速发展的条件。借鉴美国洲际交易所等国际领先衍生品市场的发展经验，积极推动大连商品交易所为场外衍生品市场发展提供集中清算等公共服务，支持期货经营机构、证券公司、银行等机构利用大连商品交易所的交易、结算、风控、信息、托管等系统开发和交易满足实体企业需求的场外期权、互换等衍生产品，不断丰富大连商品交易所的场外衍生品市场。

积极推进大连商品交易所国际化发展。支持大连商品交易所加快实施国际化战略，积极引入境外投资者，进一步推动交易品种和规则制度的国际化，为大宗商品国际贸易提供以人民币计价的公开透明和有代表性的中国价格，提升大宗商品的中国定价能力。支持大连商品交易所与芝加哥商业交易所集团、洲际交易所、港交所、伦敦金属交易所（LME）等国际领

先商品期货交易所展开合作，探索会员互认、品种互挂、股权合作等交易所合作模式，提高期货市场的国际化水平。支持大连商品交易所“走出去”发展，利用“一带一路”建设契机，探索在沿线国家投资兴建交易场所、设立商品期货境外交割库等合作模式。

支持大连商品交易所提升金融科技创新与应用能力。支持大连商品交易所数据中心规模化、集中化建设，建成辐射全国的数据中心基础设施。支持推进 DCE 系统升级，提升技术核心竞争力。加强大连商品交易所对人工智能、区块链、预测分析等前沿技术的应用，促进新技术在交割仓库数字化管理系统等多场景的建设，充分发挥技术引领和支持业务的引擎作用。加快推进服务模式升级，推动服务内容向会员画像、客户画像、信息精准投送等深度服务转变。

专栏 10.3　洲际交易所场内市场和场外市场联动发展

从发达国家衍生品市场的发展经验看，代表性和流通性良好的衍生品市场，有助于形成规模巨大的场外现货交易市场，还有利于境内外投行等金融机构开发出适合实体企业的场外期权产品；而经历过场外交易检验后再在交易所上市的产品对市场的适应度和投资者的接受度都相对更好。

总部设在美国亚特兰大的洲际交易所通过场内市场和场外市场的联动发展，快速成长为国际领先的交易所集团。洲际交易所在纽约、伦敦、芝加哥、休斯敦、温尼伯、卡尔加里、华盛顿、阿姆斯特丹和新加坡等 9 个城市设有公司，交易遍及数十个国家。ICE 不仅是全球领先的受监管市场，还是全球知名的清算所运营商，业务涉及期货交易所、OTC 市场、衍生品清算以及与其相关的服务等。

ICE 拥有 4 家受监管的期货交易所：ICE 美国期货交易所、ICE 欧洲期货交易所、ICE 加拿大期货交易所以及 ICE Endex。其中，位于伦敦的ICE欧洲期货交易所是欧洲最大、世界第二大的受监管的能源期货交易所，世界上2/3的现货石油依靠ICE欧洲期货交易所的基准合约——布伦特原油期货合约来定价。

ICE还积极利用其一流的交易和结算技术拓展OTC市场，目前ICE同时运营着4个OTC市场：能源市场、信用违约掉期（CDS）市场、环境排放市场和巴西电力市场。在开拓OTC市场的过程中，ICE十分注重为市场提供更便利的交易工具。与交易和清算相关的服务大部分通过相应的ICE电子交易平台完成。无论是OTC能源市场还是CDS市场，ICE都积极将场内市场所采用的中央清算引入OTC市场，以促进市场的流动性，进而提高市场交易产品的定价地位。实践也证明，经历过场外交易检验后在交易所上市的产品对市场的适应度和投资者的接受度都相对更好，可以迅速成为场内交易“热点”。

（二）发展大宗商品现货市场

创设一批具有资源禀赋优势的大宗商品现货电子交易市场。围绕我国东北及东北亚地区在粮食、矿产、木材、工业原材料等领域的资源禀赋和发展需求，依托大连商品交易所在风险管控、金融人才、专业经验、托管清算等方面的优势，以实际交割和形成定价权为目标，支持大连商品交易所联合社会资本建设一批介于期货与现货之间的电子化大宗商品交易平台，积极吸引实体企业和金融机构参与市场交易，进一步丰富交易品种和做大市场规模，形成在区域乃至全国的影响力和辐射力。

大力探索和创新期现货结合交易模式。针对大宗商品电子交易和场内期货市场共有的交易品种，探索通过交割仓库互认、仓单互通互换、交易信息共享、标准仓单交易等方式加强大宗商品现货电子交易市场与场内期货市场的联动发展，实现大宗商品现货电子交易市场与期货市场的有效对接，打通场内套保到场外贸易之间的界限，提升大宗商品市场的交易交割能力和服务实体经济的能力，满足实体经济多样化的交易和风险管理需求，巩固提升多层次商品市场优势。

支持境内外期货交易所、大宗商品交易市场设立交割仓库。依托大连交通、区位、资源、商贸、港口等条件，出台专项政策鼓励和引导包括大连商品交易所在内的境内外期货交易所、大宗商品交易市场在大连设立交割库，充分发挥交割库建设带来的物流、资金流、信息流集聚效应和辐射带动作用，进一步巩固和提升大连多层次大宗商品交易市场发展优势。在国家政策的支持下，利用自贸区等平台发展保税交割业务，有力支持大连商品交易所期货市场以及大连大宗商品交易市场引入国际投资者和市场创新发展。

三、构建期货特色现代金融产业链和生态圈

芝加哥发展经验说明，期货市场可以发挥集聚重要金融资源的基础支撑作用，进而形成以期货经营带动其他金融业态协同发展为特征的发达金融产业。伴随着我国期货市场的规模扩张和创新发展，期货产业发展前景十分广阔，对金融体系影响力也将进一步提升。大连应抓住机遇，大力发展期货及风险管理、财富管理等相关产业，形成有竞争力的现代金融产业链和生态圈。

（一）增强期货经营机构竞争实力

大力引进期货经营机构。依托大连商品交易所的市场所在地优势，高水平规划建设期货产业集聚区（“期货小镇”），出台专门政策，完善公共服务和配套环境，大力引进国内外期货经营机构，鼓励国内外期货经营机构在大连设立风险管理、资产管理、研发中心、培训中心等分支机构，形成良好期货产业链配套优势，打造国内首屈一指的期货产业集聚区，充分发挥期货经营机构和期货市场发展对大连金融中心建设的支撑和带动作用。

支持期货公司发展壮大。推动期货经营机构围绕实体经济的需求提供个性化的风险管理服务和产品，结合现有期货品种推广开展期现结合、“期货+保险”等风险管理模式。推动期货经营机构特色化、专业化和差异化发展，建立健全包括期货经纪、投资咨询、中间介绍、资产管理、风险管理等在内的衍生品服务体系。鼓励有条件的期货公司利用资本市场发展壮大，开展集团化、国际化经营，努力打造一批具有国际竞争力的衍生品服务集团。

积极培育本地期货市场。目前，我国期货市场投资者结构不合理，现货企业参与度不高，不但影响了期货市场稳定性，而且制约了期货市场功能的发挥和期货经营机构的发展。世界500强中有90%以上的公司利用期货工具来管理和对冲风险，而我国企业对期货市场风险管理理念的理解普遍还很片面，往往过度夸大期货市场风险，对期货市场的风险管理功能认识不足。因而，大连作为期货市场所在地，特别需要加强期货市场的宣传培训推广，合理引导产业企业参与期货市场，发展一大批能够熟练运用期货期权等衍生工具进行风险管理的实体企业，为期货经营机构健康发展奠定长期稳定市场需求基础。

（二）建设期货特色财富管理中心

发展期货特色基金产业。顺应我国社会财富快速增长和保值增值需求扩大的趋势和期货资管大发展的机遇，大力引进和培育大宗商品投资基金、期货投资基金（商品交易顾问）、供应链基金、宏观对冲基金、避险策略基金、基础设施基金、重点产业领域产业基金等特色基金产业。在全国率先探索完善期货资产管理、财富管理相关的监管制度和政策法规，建立统一的投资者分类管理制度，加强投资者权益保护制度建设，为行业长远健康发展奠定制度基础。

鼓励各类财富管理业态发展。鼓励商业银行、私人银行、基金公司、证券公司资管、保险公司资管、信托资管、股权投资机构等各类机构明确功能定位，建立分层营销体系和重点目标客户群，打造良性竞争、稳健高效的资产与财富管理市场，支持财富管理机构建立以资产配置及长期规划为核心的行业服务能力，不断丰富投资产品，拓展投资范围，提供风险收益丰富的配置选择。引入国内外专业财富与资产管理机构在大连设立分支机构，形成财富管理类机构的集聚态势，把大连建成我国重要的特色财富管理中心。

（三）构建完整金融产业链生态圈

加快填补相关领域机构空白。充分发挥大连作为副省级城市、独立金融监管辖区等优势，积极争取中国人民银行及国家金融监管部门支持，争取取得公募基金公司、汽车金融公司、消费金融公司、再保险公司等金融机构的金融牌照资源，填补相关领域法人金融机构空白，打造全牌照、全业态金融机构集群。

丰富和完善法人金融机构体系。顺应当前金融业务专营化和金融组织创新趋势，创造良好经营发展条件支持国内外的银行、证券、保险、基金、期货等金融机构在大连设立资产管理、风险管理、投资银行、直接投资等专业化子公司，进一步丰富和完善法人金融机构体系。

完善金融配套中介服务体系。发展与期货交易及其他金融业务相关的各类金融中介机构，积极引进和发展会计、律师、资产评估、保险代理、信用评级、经纪和非上市公司产权登记中心等中介服务机构，大力发展证券、期货等投资咨询服务机构、金融资讯信息服务机构和产权经纪机构，培育和扶持优秀的地方性中介机构，规范中介机构的服务标准，促进专业服务机构做大做强，不断提升中介机构的整体素质，提高专业化的服务水平。

（四）提升期货服务本地经济能力

推动期货市场与国际航运物流中心协同发展。支持大连港口航运发展，促进大连港与大连商品交易所业务融合发展，巩固大连港在原油、天然气、铁矿石、大豆等大宗商品贸易的传统优势。借鉴浙江自贸区建设国际油品交易中心、国际海事服务基地、国际石化基地、国际油品储运基地和大宗商品跨境贸易人民币国际化示范区的经验，建设大宗化工原料产品的现货远期交易市场，同时有针对性地开拓大宗冷链物流货物的期货新品种，提升大连商品交易所的区域性大宗商品定价中心地位。

发挥期货市场融资服务功能。支持大连商品交易所依托场外平台和技术，加大与银行、保险、证券、融资担保等金融业态合作，建设全国性大宗商品仓单登记中心，发展仓单交易和融资业务，促进产融结合和大宗商品市场信用体系建设，创新保单质押融资模式，帮助实体企业增信和资产盘活，打造“期货+融资”服务体系，有效服务实体经济发展。

专栏 10.4　浙江国际油品交易中心推进期货市场服务实体经济

2017 年 3 月，中国（浙江）自由贸易试验区舟山片区成立并承担“以油气为核心的大宗商品资源配置基地”功能定位。舟山自贸区在油气交易体制领域推出一系列改革措施，最重要的措施之一是推动上海期货交易所入股浙江国际油气交易中心，建成长三角期现一体化油气交易市场。2021 年 6 月，浙江国际油气交易中心联合上海期货交易所发布中国舟山低硫燃料油价格指数，也就是“舟山价格”，这是我国首次在保税燃料油加注领域应用自己的价格指数。

截止到 2022 年底，浙江国际油气交易中心建成全国最大、单体全球第二大的大型石化基地，实现原油加工能力 4000 万吨，2021 年实现原油加工量 3702 万吨；建成全国最大的能源保障基地，油气储存能力 3700 余万方；建成全国最大的油气贸易港，累计油气贸易额 2.7 万亿元，年均增长 64%；累计服务企业超过 2600 家，2022 年实现油气贸易交易额 4324.34 亿元，近 3 年贸易交易额的平均增速达到了 39.89%，保持高速增长的态势。

在提升大宗商品资源配置能力上，舟山片区还建成了我国重要的大宗商品物流枢纽。在港口物流方面，2022年舟山港域完成货物吞吐量6.24亿吨，其中油气吞吐量1.33亿吨；完成江海联运量3亿吨，其中粮食、铁矿石、油品等分别占同类货种进江总量的65%、44%、41%。

四、打造国际一流期货及金融业发展生态

（一）建设期货产业集聚区

依托大连商品交易所的全国影响力和行业龙头作用，高水平规划建设期货产业集聚区（“期货小镇”），配套国际一流的通信基础设施、安保设施等软硬件基础设施，推动境内外期货公司、大宗商品交易平台、场外衍生品中介机构、投资机构、咨询机构等期货上下游产业链企业集聚发展，形成发展特色与亮点。积极推动上海期货交易所、郑州商品交易所、中国金融期货交易所、广州期货交易所以及各地大宗商品交易平台在期货产业集聚区设立高等级数据中心、异地备份节点等，打造全国重要的商品期货大数据中心和信息枢纽。

（二）加大期货及金融人才引进与培育

进一步加大对期货新业务和高端人才等方面的支持力度，加快吸引高素质、高学历、富有创新性的人才落户大连。根据市场发展需要，优化期货培训基地建设，分门别类、精准培养一批专业技术精湛、知识结构合理的期货市场人才。面向相关领导干部开展期货知识专项培训，提高专业胜任能力，更好发挥期货市场服务功能。加强期货从业人员管理，将从业人员素质提高纳入软实力建设体系中。设立期货人才认证服务中心和期货人才信息库等专业化服务平台，提高人才服务效率，健全人才服务保障机制，为人才提供高效便捷的公共服务。

（三）营造诚信、安全的金融发展环境

优化地方信用环境，建立健全贯穿金融市场主体全生命周期，衔接事前信用承诺、事中分级分类监管、事后联合奖惩及信用修复等全监管环节的新型监管机制。运用区块链、大数据、人工智能等技术对在连金融机构及企业进行画像，完善大连区域信用体系。强化金融综合监管和功能监管，发挥协会公共服务功能和自律管理功能，切实维护大连期货市场及金融市场秩序和稳定。

（四）加强大连期货特色品牌建设

支持大连商品交易所联合有影响力的国内外机构及其高层从业人士共同举办期货、衍生品、投资基金等国际化高端论坛，充分发挥论坛在传播思想、聚集资源、扩大影响方面的重大作用，不断提升大连期货业及金融中心国际国内影响力、知名度和美誉度。建立健全与国内外知名金融中心的期货交流合作机制，及时学习国内外期货发展的先进经验，提高大连期货国际竞争力和影响力。